VERNACULAR
大家的民俗学

［日］岛村恭则 著

陆薇薇 魏金美 译

浙江大学出版社

图书在版编目（CIP）数据

大家的民俗学 / （日）岛村恭则著；陆薇薇，魏金美译. -- 杭州：浙江大学出版社，2022.6
ISBN 978-7-308-22508-3

Ⅰ. ①大… Ⅱ. ①岛… ②陆… ③魏… Ⅲ. ①民俗学 Ⅳ. ①K890

中国版本图书馆CIP数据核字(2022)第058678号

MINNA NO MINZOKUGAKU・"vernacular" TTE NANDA?
by SHIMAMURA Takanori
Copyright © SHIMAMURA Takanori 2020
All rights reserved.
Originally published in Japan by HEIBONSHA LIMITED, PUBLISHERS, Tokyo
Chinese (Simplified Chinese character only) translation rights arranged with HEIBONSHA LIMITED, PUBLISHERS, Japan
through Bardon-Chinese Media Agency

浙江省版权局著作权合同登记图字：11—2022—117

大家的民俗学

（日）岛村恭则 著； 陆薇薇，魏金美 译

责任编辑	谢　焕
责任校对	陈　欣
封面设计	云水文化
出版发行	浙江大学出版社
	（杭州市天目山路148号　邮政编码　310007）
	（网址：http://www.zjupress.com）
排　　版	杭州林智广告有限公司
印　　刷	杭州钱江彩色印务有限公司
开　　本	880mm×1230mm　1/32
印　　张	8
字　　数	206千
版 印 次	2022年6月第1版　2022年6月第1次印刷
书　　号	ISBN 978-7-308-22508-3
定　　价	58.00元

版权所有　翻印必究　印装差错　负责调换

浙江大学出版社市场运营中心联系方式：0571-88925591；http://zjdxcbs.tmall.com

译者序

提起民俗学（folklore），人们往往认为它是一门研究农村、山村、渔村自古流传下来的民间传承的学问。为了打破世人对于民俗学的这一刻板印象，日本关西学院大学岛村恭则教授撰写了本书。一方面，他向读者展示了存在于日常生活中的丰富而有趣的研究对象，比如家庭内部约定俗成的习惯、各种校园怪谈、咖啡店的优惠早餐、动漫作品中的角色形象等都可以成为现代民俗学的研究对象；另一方面，他强调了民俗学"接地气"的特色，认为不仅是学院派学者，普通的你我他也可以成为民俗学研究的一员，这也是本书的书名——"大家的民俗学"的由来。

岛村恭则是当代日本民俗学的代表人物之一。迄今为止的日本民俗学大致经历了三个阶段，即以日本民俗学之父柳田国男及其弟子为首的创立期，由宫田登、福田亚细男等引领的学科体系建设期，以及目前所处的多样化探索期。当下第三代的领军人物主要有岩本通弥、菅丰、岛村恭则等，他们均毕业于筑波大学（原东京教育大学），师从宫田登、福田亚细男等第二代核心人物。

日本民俗学在发展过程中形成了若干流派。其中，东京教育大学一派的学者极具影响力，例如宫田登与福田亚细男在20世纪六七十年代否定了柳田国男等人倡导的"重出立证法""周圈论"等对日本各地民俗进行比较研究的方法，并取而代之地提出"个别分析法""传承母体论"等新方法，从功能主义的视角把握地域内部的有机联系，对后来的日本民俗学产生了深远的影响。但另一方面，他们醉心于历史中心主义，将民俗学定位成历史学的一部分，从而限制了日本民俗学的多样化发展。

于是，从20世纪80年代末开始，陆续有学者挑战固化的学科体系，试图挣脱历史中心主义的束缚，将目光朝向当下。尤其是随着国际交流的日益频繁，第三代学者积极吸收他国经验，力求打开日本民俗学的困境。比如，岩本通弥借鉴德国民俗学的经验，试图将民俗学转向生活学、经验主义文化学，完成德国民俗学范式在日本的本土化建构；菅丰熟稔美国公共民俗学理论，试图跨越学院派民俗学与公共部门民俗学之间的鸿沟，立足日本国情开拓一条崭新的民俗学道路，即"新在野之学"，亦称新公共民俗学；而岛村恭则则借助"vernacular"这个关键词，重新思考日本民俗学乃至世界民俗学的可能性。

"vernacular"是什么？"vernacular"一词，原本用来指代"本土语言""白话"，与民俗学颇有渊源。随着近数十年在欧美人文、社科领域的广泛运用，vernacular已成为当代文化研究中的重要术语，内含极其多样的主题，与权力、近代、人种、阶级、个人和集体的创造性、研究者的定位及政策等问题相关。而在本书的序章中，岛村给出了自己对于vernacular的定义，他说，vernacular即是"俗"（本书在翻译过程中考虑到上下文的衔接，也有一些地方将其译为"习俗"）。

那么，这里的"俗"又为何意？岛村认为，所谓"俗"，包含下述四重含义中的某一个，或是它们的任意组合。这四重含义分别是：（1）与支配性权力相左的事物；（2）无法完全用启蒙主义之理性来解释的事物；（3）与"普遍""主流""中心"的立场相悖的事物；（4）与正式制度保持一定距离的事物。

而民俗学研究，不仅把"俗"（vernacular）作为研究对象，还将其作为一种方法，即从"俗"的观点来研究"民"。也就是说，在岛村看来，首先，用以表述民俗或民俗学的folklore一词，被打上了传统遗留物的历史烙印，而vernacular一词却没有这种陈腐印象，故而与日本民俗学当下所强调的日常生活研究更加契合。其次，民俗学并不是漫无目的地接近日常生活世界，而是将视角放在与"作为霸权、普遍、主流、中心的社会位相"不同的维度上，从而使以霸权、普遍、主流、中心的社会位相为基准形成的知识体系相对化，并创造出超越这一知识体系的知识。

也正因如此，岛村在梳理世界民俗学史时，与常见的一些民俗学著作不尽相同，尤其突出了民俗学反霸权主义、反启蒙主义、反普遍主义、反主流和中心，以及非正式的特征，努力找寻彼此之间存在"不可通约性"（incommensurability）的各国民俗学之间的"共性"，这或许也是其在关西学院大学创立"世界民俗学研究中心"的初衷所在。

最后，引用书中作者的一句话作为结语："希望通过本书，能让更多的人了解民俗学的趣味性，这也正是我撰写本书的目的。"

陆薇薇

2021年8月于南京

目录

序章 "vernacular"即是"俗" / 1
    1. 我与民俗学 / 1
    2. 民俗学是一门什么样的学问？ / 7
    3. 关于vernacular / 19

第一部分 我们身边的"俗"

第一章 不为外人知的"家庭内部之俗" / 29
第二章 校园之俗 / 43
第三章 劳动者之俗 / 59
    1. 消防员的习俗 / 59
    2. 卡车司机的习俗 / 67
    3. 铁路民俗学 / 72
    4. 自来水管道工人的习俗 / 83
    5. 法官也有自己的习俗 / 86
    6. OL的抵抗 / 89

第二部分　地区与全球

第四章　咖啡店"优惠早餐"习俗之谜　/ 99
　　1. 日本各地的优惠早餐　/ 100
　　2. 亚洲人的早餐　/ 121
　　3. 对优惠早餐的考察分析　/ 130

第五章　"B级美食"来自哪里？　/ 139

第六章　水上人家　/ 165

第七章　宗教之俗　/ 189
　　1. 能量石与能量源　/ 190
　　2. 类民俗和虚构传说现实化　/ 199
　　3. 作为全球性宗教习俗的稻荷信仰　/ 212

结　语　/ 224

附　录　/ 231

序章 "vernacular"即是"俗"

1. 我与民俗学

首先，请允许我自我介绍一下。

我的祷告癖好

我小时候上的是天主教幼儿园，在幼儿园，用餐前后必定要做祷告。祷告的方式比较特别，不是大家一起祷告，而是排队按序挨个去祭坛前祈祷。在幼儿园度过的三年，每天的饭前饭后都要祈祷，我的"祷告癖好"便是在此期间逐渐养成的。由于当时自己还是个上幼儿园的孩子，并不能理解基督教教义中祈祷的意义，只是单纯地学会了祷告这一行为，在路边看到佛教的地藏菩萨、神道教的稻荷神等各类神佛塑像，我也会停下脚步，像在幼儿园里一样，习惯性地祷告一番。就这样，我祷告的对象不断增加。上了小学后也一样，但凡见到神佛的塑像或处于有神迹的场所，都会祷告一下，否则心里就会不安。读了初中依然延续这样的习惯。升入高中后，虽然有时也会觉得麻烦，但毕竟已经习惯了，所以只要遇到，还是会去祈祷。麻烦是麻烦了些，可不做祈祷的话，难免会心中惴惴，担心因此不能趋吉避凶。所以，在我的生活中，祷告的习惯至今都没有改变。

研究垃圾清运车

小学四年级时，我做过一项关于垃圾清运车的调查研究。现在想不起来做这项调查的起因了，只记得当时对"垃圾车从哪里来？""怎么收垃圾？""把垃圾运到哪里去？"等问题很感兴趣，所以利用双休日和暑假进行了调查，也就是做了一项所谓的观察研究。我在垃圾堆放点旁边的电线杆后面等着垃圾车来，它一来收垃圾，我就追着它跑。

有一次，开垃圾车的司机叔叔跟我打招呼，并让我上了他的车。他载着我一起四处收垃圾，还带我去了垃圾填埋场的垃圾焚烧处。然后在送车回车库的途中，让我在我家附近下了车。现在如果这样做的话，可能会引发很大的社会问题，可在昭和五十年代[1]，却是很平常的事。小学四年级的这次关于垃圾清运车的调查，是我做田野调查（为了研究而开展的实地调查）的开端。

---

[1] 昭和时代从 1925 年开始，所以这里指的是 20 世纪七八十年代。——译者注

序章 "vernacular"即是"俗"

恐惧死亡

在我儿时的回忆里，还有对死亡的恐惧。如今的葬礼大多在殡仪馆等场所举行，但过去通常是在自己家里举办，所以，街道[1]内部的电线杆上会贴着指示标志，给参加葬礼的人们指路。我在上学、放学的路上，每每看到这个标志，都会心中畏惧不已。从学校回来的路上，有时一转弯，举行葬礼的人家门前摆放的花圈便赫然映入眼帘，这也令我极为恐惧。从这些物品的面前经过时，需要极大的勇气，我只能屏住呼吸前行。此外，每当翻阅报纸，发现报纸上登着讣告，也是件特别恐怖的事。因此，为了防止手碰触到讣告的部分，我会捏着报纸的上方翻页。[2]这种翻报纸的方式从小学高年级一直持续到高中阶段，我自己也思考过这是不是有点傻气。相信很多人遇到"灵车"时，曾有过把大拇指隐藏起来的经历[3]，那么你们或许可以理解我的感受，我的感觉比遇到灵车藏起大拇指的感受更强烈一些。

与民俗学的相遇

害怕接触葬礼、恐惧死亡的我，在高中二年级的某一天，于涩谷的纪伊国屋书店浏览各类书籍时，偶然在民俗学类别的图书中发

---

1 比区低一级的行政单位。——译者注
2 讣告一般在报纸最后一页的下方。——译者注
3 传说灵魂会通过人的拇指进出体内，所以遇到灵车时为了防止死灵的入侵，按照习俗，人们会藏起大拇指。——译者注

现了一本题为《日本的葬礼》（筑摩书房，1977 年）的书。这本书的作者是民俗学者井之口章次。看到这本书时，不知道当时自己是出于什么心理，我下意识地拿起了它，翻看了起来。这本书详细记载并分析了与葬礼相关的重要事项。在这之前，我觉得葬礼很抽象，无法捉摸，且会令人心生恐惧，但通过阅读这本书，我了解到，在日本有形式多样的葬礼，并且可以对其进行学术研究。有人能够冷静地看待葬礼，并对其进行研究，这一事实深深地震撼了我。

在《日本的葬礼》这本书的旁边，摆放着很多我之前从未见过的关于神、佛、年中行事[1]，以及民间传说的书。原来，像路旁的神佛塑像这种我经常祈祷的对象也有人在研究。我觉得这些书好像是专门为我而摆放的，同时也了解到，这些研究属于"民俗学"这一学科领域。这，便是我与民俗学的相遇。

从那以后，我每天都会去各大型书店的民俗学图书陈列处看看，开始一点点入手民俗学书籍。先是角川文库出版的几本柳田国男[2]的书，我买来读了读，接着阅读了宫田登、谷川健一等一些著名民俗学者的著作。当时，民俗学界正盛行关于"Hare-Ke-Ke-

---

[1] 年中行事即一年中定例的活动或仪式。——译者注
[2] 柳田国男（1875—1962）是日本民俗学的代表人物。柳田从东京帝国大学毕业后，历任农商务省、贵族院的高级官僚。任职期间，他同时进行了民俗学的研究，退休后主导了日本民俗学的体系化、组织化。其数量庞大的著作已经被合编为《柳田国男全集》（共 36 卷、别集 2 卷），由筑摩书房出版发行。其代表作另有"文库本"（以普及为目的发行的廉价小型开本）在售。（详情请参照本书的结语部分）。

序章　"vernacular"即是"俗"

gare"¹的讨论，所以也有《共同讨论Hare-Ke-Kegare》之类的书籍销售。看完这些书我终于明白了，我所害怕的，其实是"死亡的污秽"，而非死亡本身。

通过阅读民俗学的书籍，那些一直困扰我的"祷告癖好""死亡恐惧"等问题得到了解决，不仅如此，我感受到了民俗学的巨大魅力。从高中二年级的最后阶段直至高中毕业，我一边备战高考，一边学习民俗学，度过了一段充实的时光。

远赴冲绳

升入大学后，我便开始正式学习民俗学。田野调查是民俗学研究的根本所在，所以我赴日本各地进行了实地考察。从岐阜县山间的村落，到东北、四国、九州等，很多地方都留下了我的足迹。从那些土生土长的当地人那里，我了解到了人们生活中的方方面面的知识。

其中印象最为深刻的，是我在大学三年级时的那次冲绳考察。对于民俗学来说，蕴含着浓厚的个性文化的冲绳可谓是进行民俗学研究的圣地。许多民俗学者在这个舞台上留下了累累硕果。

于我而言，第一次的冲绳之行处处都令我感动不已。我走访了久高岛、冲绳本岛北部的村落，以及宫古岛、八重山群岛。在即将结束为期一周的冲绳之旅时，我已经下定决心要以冲绳为题来撰写

---

1 Hare指的是"非日常的状态"；Ke指的是"日常的状态"；Kegare指的是"污秽""生命能量枯竭的危急状态"。

我的毕业论文。之后，我便努力打工赚钱，每每有了些存款，便去冲绳和奄美的岛屿考察。

我的毕业论文的研究对象，是宫古岛的一个叫"狩俣"的村落，我在狩俣村住了一段时间以便展开调查。具体说来，是从1989年7月1日到10月15日的三个半月，我以每月一万日元的租金，租了间空置的房子住了下来。我研究的主题是"活态神话"。提起神话，大家或许会想起《古事记》《日本书记》里的古代神话，但在宫古岛的狩俣村，在村里的祭祀活动中，女性祭司们将关于该村落起源的神话作为歌曲来传唱。因为神话如此鲜活地被传唱，所以可以称为"活态神话"。我撰写的相关论文后来刊登在了学术杂志上，并最终收录于我最近刚出版的新作（《以民俗学为生——迈向vernacular研究之路》，晃洋书房，2020年）一书中，有兴趣的读者不妨读一读。

在韩国的生活

大学毕业后，我立志成为一名民俗学者，决心把民俗学研究作为自己毕生的职业，所以我选择了继续上学深造。在读硕士期间，我对第二次世界大战后在冲绳出现的新兴宗教团体进行了调查研究。能通灵的人被称为"萨满"[1]。在我的研究中，我选取了冲绳的萨

---

[1] "萨满"一词也可音译为"珊蛮""嚓玛"等。该词源自北美印第安语shamman，原词含有智者、晓彻、探究等意，后逐渐演变为萨满教巫师即跳神之人的专称。——译者注。

满所创立的宗教团体作为研究对象。

这项研究告一段落后，我对韩国的民俗学研究产生了兴趣，便去了韩国。我认为，如果想要研究日本的民俗学，那么进行与中国大陆、中国台湾，以及韩国的比较研究是不可或缺的。我在韩国当地的大学一边教授日本文化论和日语，一边开展关于都市传说的调查。韩国的都市传说和日本的都市传说极为相似，却也不乏自己独特的风格，例如儒教色彩较强、富含讽刺总统和权力的内容等。我的研究成果已汇总成《比日本更恐怖的韩国怪谈》（河出书房新社，2003年）一书出版发行。

在日本的工作经历

在韩国工作生活了三年后，我回到了日本。回国后，我先是在千叶县佐仓市的国立历史民俗博物馆工作了四年，之后在秋田大学教了六年比较文化论和民俗学，从2008年起，我在现在工作的关西学院大学教授"现代民俗学"课程。在此期间，我开展了多种关于民俗学专题的调查研究。本书中所提及的种种事例，正是从这些调查研究中获得的。

2. 民俗学是一门什么样的学问？

接下来，让我们步入正题。

所谓民俗学，指的是从"俗"的观点来研究"民"（人类、人们)的学问。我认为"俗",包含下述四重含义中的某一个,或是它们的任意组合。这四重含义分别是:(1)与支配性权力相左的事物;(2)无法完全用启蒙主义之理性来解释的事物;(3)与"普遍""主流""中心"的立场相悖的事物;(4)与正式制度保持一定距离的事物。而本书书名中的"vernacular",则是"俗"的英语表达。

在日本,提起民俗学,人们往往认为它是一门研究农村、山村、渔村等自古流传下来的民间传承(妖怪、民间故事、传说、祭祀等)的学问,然而,现代民俗学并非如此。

在本书中,我将借助"vernacular"这个关键词,展现超越民俗学刻板印象的、更加广阔而生动的民俗学世界。希望通过本书,能让更多的人了解民俗学的趣味性,这也正是我撰写本书的目的。

民俗学诞生于德国

在日本,柳田国男被称作"日本民俗学的开创者",所以不少人认为民俗学是一门诞生于日本本土的学问。然而,这完全是误解。柳田国男确实将日本民俗学体系化、组织化了,但他却并非民俗学这门学科的创始人。

民俗学诞生于18世纪的德国,哲学家、思想家约翰·哥特弗雷德·赫尔德(Johann Gottfried von Herder,1744—1803)构建了这门学科的基础。在当时的欧洲,以英国、法国为首的"启蒙主义"(the Enlightenment)思想,成为引领该时代的主流思想。所谓启蒙

序章 "vernacular"即是"俗"

主义,指的是崇尚理性,试图消除一切非理性事物的思想。"启蒙"的"蒙",是蒙昧无知的"蒙";"启"是"开启"的"启",是"点亮"的意思,所以"启蒙"指的是,将处于非理性世界中的蒙昧无知的人们,引向光明的世界,开启其心智。

启蒙主义思想不仅在其发源地英国、法国深入人心,还流传到了欧洲各地,德国等国家也受到了启蒙主义的巨大影响。但是,赫尔德却对这种思想不以为然。

启蒙主义的理念是理性和"普世"性,即世界上的人们,不论他们身处何处,以何种生活方式生活着,对于大家来说,合乎理性的思考及思考的结果都应该是,且必须是普遍适用的。因此,信奉启蒙主义的人们,否定自己所处社会的固有的生活方式、思维方式,以及日常使用的土著语言,认为这一切恰是应被"启蒙"的对象。

与之相对,赫尔德认为,不应盲目顺从源于法国的舶来思想,而应探求根植于自身生活的生存之道。他主张重视、发掘德国本土的日常生活、语言及思想。本书中,我们姑且将赫尔德的这种思想,称为"反启蒙主义"。

基于这种想法,赫尔德开始收集民谣。之所以选择民谣,是因为他觉得在人们日常生活中传唱的民谣里,栖息着"民众之魂"。赫尔德不仅亲自编撰《民谣集》,还号召更多的人加入到民谣的收集工作中来。[1]

---

[1] 赫尔德的《民谣集》被翻译成了日语在日本出版发行:《赫尔德民谣集》(鸠田洋一郎译,九州大学出版会,2018年)。

继赫尔德之后登场的是格林兄弟，即雅各布·格林（Jacob Ludwig Karl Grimm，1785—1863）和威廉·格林（Wilhelm Karl Grimm，1786—1859）。他们虽受赫尔德的影响，但与赫尔德的"民谣"不同，格林兄弟进行的是"故事"（民间故事、传说、神话）的收集与研究。成果有《格林童话集：献给孩子和家庭的童话》（也就是所谓的《格林童话集》）、《德国传说集》等。

从19世纪后半叶到20世纪初，赫尔德、格林兄弟所从事的研究（即民俗学研究），不仅影响了欧洲，还辐射到世界各地。在欧洲的芬兰、爱沙尼亚、拉脱维亚、立陶宛、挪威、瑞典、爱尔兰、苏格兰、威尔士、布列塔尼、瑞士、匈牙利、斯拉夫诸国、希腊等地，以及欧洲之外的美国、印度、日本、中国、韩国、俄罗斯、菲律宾、巴西、阿根廷、尼日利亚、加纳等国家，纷纷开始进行民俗学研究，并在各自的土地上孕育出独具特色的民俗学。时至今日，这些国家和地区的民俗学研究依然很兴盛。

随着民俗学的普及，研究范围也得以拓展。除了民谣、故事外，研究对象涉及了人们生活的方方面面。尤其受到关注的，有民间信仰、仪礼、祝祭活动、年中行事、艺能、民具、房屋、集市、行商等等。

反霸权主义的学问

需要特别注意的是，上文列举的这些民俗学盛行的国家和地区，并不是大国而都是小国。即使是大国，也是在与西欧列强的交

序章 "vernacular"即是"俗"

往中强烈意识到确立自身文化身份认同必要性的国家，或是在大国中处于非主流地位的地区。

这些国家和地区的民俗学之所以兴盛，是因为那里的人们通过民俗学的研究及普及，反思自己的日常生活，并在此基础上构建自身的生活方式，从而避免被自己周围强大的存在、霸权（强大的支配性权力），以及"普遍""主流""中心"的事物所吞噬。

或许有人会反问，难道德国和美国不是大国吗？美国是一个新兴国家，它原本是英国的殖民地，德国也是后发资本主义国家。换言之，如今看来它们确实是拥有霸权的大国，但在其发展进程中，却也曾有过非主流性和追求作为一个新兴国家的自我身份认同的意识。

此外，法国、英国也有民俗学，但研究兴盛的地区往往是一些边缘地带，如法国的布列塔尼，英国的苏格兰、威尔士。

可见，民俗学这门学科的成长，伴随着人们对霸权、普遍、中心、主流的抵触情绪。民俗学的特征，除了上文所述的赫尔德的典型"反启蒙主义"外，还可以加上"反霸权主义"这一点。民俗学是把霸权主义相对化，从而具有强烈的批判霸权主义意识的一门学科。对于那些处于强势地位的事物，那些相信自己处于"主流""中心"的位置，并把自己的逻辑作为"普世"价值强加给他人的势力，民俗学努力与之抗衡。具体而言，就是从与之完全不同的位相出发，开展民俗学式的知识生产，从而将其相对化，并超越之。这就是民俗学最显著的特征。

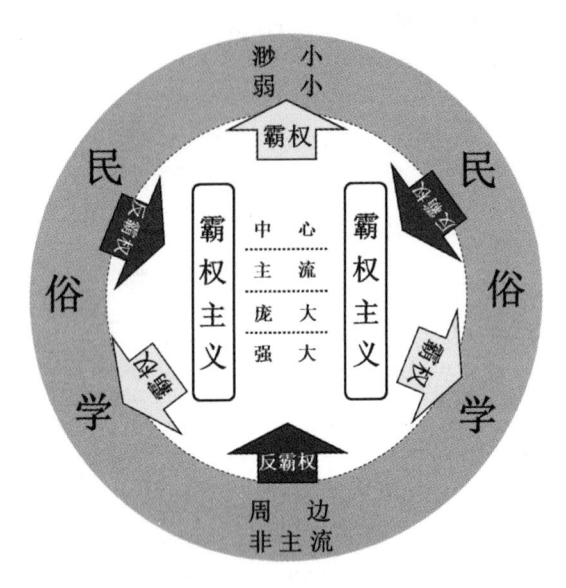

图1 作为"反霸权主义"的民俗学——日本民俗学

民俗学的这种反启蒙主义、反霸权主义、反普世主义、反主流、反中心的学科特征,在日本民俗学中也清晰可见。日本民俗学者认为,那些被启蒙主义世界观所遗弃的、被霸权主义世界观所支配的非主流、非中心的世界,正是民俗学的研究对象,并积极地开展研究。

在柳田国男的初期作品中,有一本题为《远野物语》的著作,于1910年(明治四十三年)出版发行。这本书收录了岩手县远野地区的各种不可思议的传说,而书的开头如此写道:

序章 "vernacular" 即是 "俗"

愿广述其事，使平地人战栗。

这里的"其事"指的是岩手县远野地区的人们口口相传的故事，"平地人"则指代在启蒙主义思想影响下迈向现代化的都市居民。这句话如果转换成现代文来说，是"希望通过讲述这些故事，让城里的人们不寒而栗"。从中我们不难看出，柳田希望通过《远野物语》，把那个在启蒙主义世界观中被作为非理性的事物而舍弃的世界，重新展现在"平地人"的面前。这可谓从反启蒙主义的立场，对启蒙主义世界观发起的挑战。

关于启蒙主义，福泽谕吉有着与柳田国男截然不同的立场。

福泽谕吉是明治时代的现代主义、启蒙主义的先锋人物。他在自传《福翁自传》中，记录了他在大分县中津地区度过的少年时代的一件往事。那是他与神祠有关的一段经历，这件事发生在他十三四岁的时候。

老人们常说的天谴、神罚之类的故事，我觉得都是些哄骗人的无稽之谈。有一次我心血来潮，为了验证自己的想法，便想一探稻荷神（狐仙）的究竟。收我为养子的叔父家中供有稻荷神，我不知神祠里放了什么，打开一看，发现里面只有一块石头。于是我就把那块石头扔掉，另捡了一块石头放了进去。我还把邻居下村先生家里的神祠也打开了看，发现里面所供的所谓的神体，也只是一块木牌。我把这块木牌也拿出来扔掉，并装作什么事也没发生过。

13

不久，到了二月初午日¹那一天，彩旗飘飘、锣鼓喧天，人们为稻荷神献上神酒，熙熙攘攘，好不热闹。我觉得这太可笑了，心想："傻瓜！你们是在给我放进去的石头敬酒、祭拜呢"，想着想着乐不可支。打小时候起，我既不畏神，也不敬佛。占卜念咒之事全然不信，像狐狸附体之类的传说，我从一开始就没信过，觉得都是骗人的。虽然当时我还是个孩子，却意志坚定得很。

（福泽谕吉：《新订 福翁自传》，富田正文校订，岩波书店，1978年）

而柳田国男的神祠体验，却是另一番景象。这是柳田住在千叶县布川地区时发生的事。

（前略）小川家的最里面，有个漂亮的仓库。仓库前面有二十坪²左右的平地，种着两三棵树，树下有一个比较新的小石祠。我询问后得知，小川家目前是第三代，第一代的祖父是从茨城县的水户移居来的著名医生。据说这位老人用石祠来祭祀自己的母亲，也就是说，小川家把曾祖母作为家宅之神来祭拜。

十四岁的我很淘气，不知神祠里是什么样的，所以一度想打开石门看看。记得春季里的一天，等大家都不在的时候（若被人发现了免不了挨骂），我战战兢兢地打开了门。原来，里面放了一颗我

1　日本在二月初午日那一天举行初午祭，祭祀稻荷神。——译者注
2　一坪约3.306平方米。——译者注

序章　"vernacular"即是"俗"

单手刚好能握住的美丽的蜡石珠。石祠内部按照珠子的形状大小来进行雕刻，使之恰好能镶嵌其中。后来我听说，不知什么原因，那位老奶奶中风卧床后，经常抚摸这颗珠子，所以后来她孙子说，用珠子纪念奶奶是最好的，就把它放进了石祠里。在那个年代，这种想法是相当新颖的。

偷看那颗美丽的蜡石珠时，我突然兴奋起来，有种不可言喻的奇妙心情，虽然现在也不知为何会那样。彼时，我蹲在那里，仰望着晴朗的蓝天，竟然看到了星星。那个场景至今仍记忆犹新，我看见在清澈湛蓝的天空上，有数十颗星星在闪烁。白天应该看不见星星，所以我不禁思考那些星星到底是什么？不过，那时我也略通天文，明白眼前的星星不是天文学里的那些星星，不过是幻想而已，所以无须去找寻。

如今想来，我觉得那时的感受确实是一种异常心理。在空无一人的地方打开石祠，原以为里面是币帛或镜子，结果却发现是一颗如此美丽的蜡石珠，感动不已，不由得思绪万千，如入梦境。就在那时，高空中突然飞过一只鹡鸟，发出清脆悦耳的叫声，我的身体也一下子紧绷起来，回到了现实之中。如果那时没有鹡鸟的鸣叫，我可能会一直沉浸其中，无法自拔。

（柳田国男：《故乡七十年》，讲谈社，2016年）

可以说，两位少年的不同感悟，预示着今后两人作为启蒙主义者和反启蒙主义者的对立。

与柳田国男并驾齐驱的，还有另一位民俗学者——折口信夫（1887—1953）。他是《万叶集》等日本古代文学的研究者，同时又尊柳田为师，凭借卓越的天赋开展民俗学研究。折口在民俗学田野调查的途中，常常吟诗作赋，诗中多见"幽然"一词。如：

山人喃语梦，幽然渐遁空。昨夜明月寂，孤鹿跃独峰。
（《水之上》篇，《折口信夫全集》21，中央公论社，1975年）

绕雾峰如画，幽然庐草花。山径沿阶下，心安归吾家。
（《山海之间》篇，《折口信夫全集》21，中央公论社，1975年）

这些诗，折射出折口进行民俗学调查的良苦用心。他侧耳倾听"幽然之物"（微弱的、幽暗的事物）的动人旋律，而这些事物是反主流、反中心的，在启蒙主义的世界观中，它们丝毫没有立足之地。

宫本常一（1907—1981）被称为"旅途的巨人"，他的民俗学调查之旅，据说加起来能绕地球四圈。其代表作《被遗忘的日本人》（岩波书店，1960年）是一本民俗学名著，描写了在日本各地悄然生活的"无名的人们"的生活方式，标题使用了"被遗忘的"这一表述。同时，作为一位民俗学者的心得，宫本还强调了"审视别人忽视的事物"的重要性（《民俗学之旅》，讲谈社，1993年）。所谓"被遗忘的""别人忽视的"事物，无非是那些反主流、反中心的事物。

序章 "vernacular" 即是 "俗"

还有一位名叫谷川健一的民俗学者,在《神宿于细微之处——地名与民俗学》一书的序文中这样写道:

> 我喜欢"神宿于细微之处"这句话,所以将其作为本书的标题。这句话虽出自西方学者之口,但我认为它同样适用于日本民俗学。相较于研究人类"主干道"的历史学而言,民俗学是一门探索支路,或像毛细血管般密布的小路的学问。所以,那些对于历史学或其他学科而言微不足道的东西,对民俗学来说却无比重要。我之所以开始涉足民俗学,是因为它带给我的感动与我用显微镜第一次看到微生物世界时的那种感动极为相似。在肉眼看来空白一片的微观世界里,竟充满着如此丰富的"常民"[1]生命体,这让我感到头晕目眩,敬畏之情油然而生。(中略)想要看清日本的细微之处,而非粗枝大叶的日本的那份热情,驱使我走到了今天。
>
> (谷川健一:《神宿于细微之处——地名与民俗学》,人文书院,1980年)

谷川所说的"对于历史学或其他学科而言微不足道的东西""岔道""小路",是反主流、反中心的世界,与被启蒙主义世界观排除的领域多有重叠。

此外,民俗学造诣颇深的社会学家——鹤见和子(1918—

---

[1] 日本民俗学中的代表性概念,由柳田国男提出。——译者注。

2006），将民俗学称为"隐村"之学。这里所说的"隐村"，是指即将被外来的强大势力、霸权、普遍、主流、中心等征服或杀害的人的藏身之所。鹤见还用这个词打了个比方，"'隐村'不仅存在于现实中的某个地方，存在于我们的内心深处，它也会以潜在意识、深层心理等形式出现"，所以她认为，民俗学是在这样的"隐村"中，发现"民众日积月累的智慧的宝库"的学问。（鹤见和子：《被杀之物的去向——我的民俗学笔记》，春书房，1985年）。

可见，民俗学所具有的反启蒙主义、反霸权主义、反普世主义、反主流、反中心的志向，确实存在于日本民俗学的根基之处。

那么，让我们总结一下，"什么是民俗学"。

我认为，民俗学是采用了对抗18世纪以法国为中心的启蒙主义、19世纪初以统治欧洲为目标的拿破仑的霸权主义的形式，由德国的赫尔德、格林兄弟奠定基础，之后扩散到世界各地，在各自的区域有个性地发展的一门学问。

民俗学内在性地理解与"作为霸权、普遍、主流、中心的社会位置"处于不同位置的人们的生活，包括厘清其与"作为霸权、普遍、主流、中心的社会位相"之间的关系。从而使以"作为霸权、普遍、主流、中心的社会位相"为基准而形成的知识体系相对化，并创造出超越这一知识体系的知识。

3. 关于vernacular

什么是vernacular？

以上，我们回溯了民俗学的历史，想必大家不难理解我在第二节开头所说的那句话了——所谓民俗学，指的是从"俗"的观点来研究"民"（人类、人们）的学问。我们若是将民俗学所具有的反启蒙主义、反霸权主义、反普世主义、反主流、反中心的视角，用一个词来集中表现的话，便是"俗"。而且，"俗"不仅仅是一种观点，它同样也指代经由这种观点所截取到的研究对象。

再重复一下第二节开头的定义，所谓"俗"，包含下述四重含义中的某一个，或是它们的任意组合。这四重含义分别是：

（1）与支配性权力相左的事物；

（2）无法完全用启蒙主义之理性来解释的事物；

（3）与"普遍""主流""中心"的立场相悖的事物；

（4）与正式制度保持一定距离的事物。

在现代美国民俗学中，"俗"被表述为"vernacular"一词。在以语言学为首的人文、社会科学体系里，"vernacular"一词长期以来被用以指代与具有权威性、正统性的语言相对的"俗语"。

例如，著名社会语言学家威廉姆·拉波夫（William Labov），将非洲裔美国人所讲的英语称作"Black English Vernacular"，并研究其与"正统英语"之间的区别（William Labov: Language in the Inner

City: Studies in Black English Vernacular, University of Pennsylvania Press, 1972）。

还有政治学家本尼迪克特·安德森，在揭示"国语"形成的过程时，指出：一个国家的国语，在成为该国的"正统语言"而被体系化之前，是以"俗语"（vernacular）的形式存在的，后经过语法建构、辞典编纂等国家对俗语的制度化改革，才成为所谓的国语。（本尼迪克特·安德森：《想象的共同体——国家主义的起源与流行》，白石隆等译，Libroport出版，1987年）

之所以将vernacular与俗语等同，是因为"vernacular"一词，曾长期被视作与"权威的、正统的拉丁语"相对的"不正规的拉丁语"。拉丁语是罗马帝国的官方用语，是圣职者、官员、学者所使用的语言。与之相对，一般人使用的俗语，即"通俗拉丁语"，便是vernacular。[1]

第二次世界大战后，之前指代"俗语"的"vernacular"一词，也开始被运用于建筑领域。那些并非由"正统建筑家"所设计，而是由普通人设计的建筑物，被称作"乡土建筑"（vernacular architecture）。而且，由于美国民俗学将普通人设计的建筑（vernacular architecture）也纳入研究对象中，所以，"vernacular"一词出现在了美国民俗学研究里。之后，不仅在语言、建筑的领域里，vernacular还被广泛运用于艺能、工艺、饮食、音乐等各个领

---

[1] "vernacular"的词源还可以追溯至表示本土（native，domestic，indigenous）之意的"vernaculus"，以及表示当地的奴隶之意的"verna"（这两个词都是拉丁语），等等。

域，用以指代相关对象。与此同时，美国民俗学还就vernacular所具有的学科意义进行了理论探索，进入21世纪之后，vernacular已成为美国民俗学最为重要的术语之一。

从"folklore"到"vernacular"

"进入21世纪之后"，意味着"vernacular"这个词成为民俗学的关键词已是大约20年前的事了。那么，在那之前的关键词是什么呢？是"folklore"。在日本，民俗学的研究对象也经常被称为"folklore"，所以想必大家对这一点并不陌生。

距今20年前，在美国民俗学中，发生了从"folklore"到"vernacular"的关键词更替。这一剧情上演的背景如下。

意为民众（folk）的知识（lore）的"folklore"一词，是英国一位名叫威廉·汤姆斯（William John Thoms，1803—1885）的古物学者发明的，他参考了德语中表述民俗学研究对象的词语"Volkskunde"（民众知识）。汤姆斯在1846年8月22日刊行的《雅典学院》（*The Athenaeum*）[1]杂志中发表文章，写道："让我们在英国也大力发展德国的格林兄弟所作的研究吧。而这些研究的对象就用我创造的'folklore'这个新词来称呼吧。"这里出现的"folklore"，是该词最早的用例。[2]

---

[1] athenaeum源于"雅典娜神庙"（祭祀智慧女神之所），表示学者共同体、文艺俱乐部、图书馆等含义。汤姆斯投稿的《雅典学院》，是在伦敦发行的文艺杂志。
[2] 作为纪念，每年的8月22日成为"世界民俗学日"（World Folklore Day），世界各地会举行与民俗学相关的活动。

之后，在英语圈里，"folklore"一词集合了种种事物，它们成为民俗学的研究对象，其中大多是流传于地方的民间传说、民谣，以及各种生活习俗。民俗学就这些对象收集了庞大的资料，并开展研究。但在此过程中，社会上的人们却逐渐把folklore等同于"落后于时代的、由乡野村夫传承的、有些奇妙却令人怀念的事物"，且使人们对民俗学也产生了刻板印象，认为民俗学是"研究农村的古旧事物的学问"。

对于这一刻板印象，世界闻名的民俗学者、加利福尼亚大学伯克利分校教授阿兰·邓迪斯（Alan Dundes，1934—2005）毅然提出了抗议。邓迪斯在其1965年发表的论文中明确表示："folklore并不像世人所想的那样，是'生活在农村的目不识丁的农民所传承的古老而迷信的风俗'，事实上，folklore存在于所有社会集团之中。"

任何一个集团，只要人们至少共有一种相同的要素，就可以用"folk"一词来描述它。该集团的凝结要素多种多样，可以是共同的职业，也可以是共同的语言或宗教。而这个集团共享的知识，就是folklore。

（Alan Dundes：*The Study of Folklore*, Prentice Hall,1965年）

如此定义之后，他补充说道，不仅是农民，煤炭矿工、铁路员工、棒球选手、冲浪运动员（冲浪人士）、摩托车骑手、电脑程序员、办公室职员、医生、科学家等，也都有自己群体的folklore。

序章　"vernacular"即是"俗"

在邓迪斯的倡导下，美国民俗学的研究对象得以拓展，各类事物均被视为folklore进行研究。例如都市传说、被称为涂鸦的都市壁画、办公室职员共享的幽默、遭受犯罪伤害的纽约人的经历之谈、童子军的习惯和礼仪、急救队员们的经验谈、铁路劳动者的讲述、被称作"Outsider Art"的素人绘画、万圣节、狂欢节等。

不过，仍然存在这样一个问题：尽管民俗学者对现代的folklore开展了颇为有趣的研究，但世人却依然认为，folklore是"落后于时代的、由乡野村夫传承的、有些奇妙却令人怀念的事物"。换言之，虽然邓迪斯对folklore作出了具有划时代意义的定义，但世人的"folklore观"却并没有因此有所改变。

当然，民俗学者也可以无视世人的folklore观，潜心于自己的研究。但如此一来，由于世人对folklore的误解，学者无论做出多么杰出的研究，都可能无法准确地传递给世人。恰巧在这个时候，"vernacular"一词开始渗透至民俗学界。相较"folklore"而言，"vernacular"还未形成什么刻板印象。于是，民俗学者用"vernacular"代替容易被误解的"folklore"，将"vernacular"作为表示民俗学研究对象的新术语来积极使用。

从学术的角度看，"folklore"一词并没有什么问题，至今也仍有不少学者使用这一术语。但基于上述理由，"vernacular"成了现代美国民俗学研究的最重要的关键词。

民俗学是现代学

那么，日本的情形又如何呢？柳田国男有一篇题为《现代科学》的论文。他认为，民俗学是我们在思考"今后应该怎样发展"时，从对"实际生活"的内省出发，"知晓、批判并反省迄今为止的历程及当下的生活方式"的科学。柳田将这种民俗学称为作为"现代科学"的民俗学。他还说，民俗学是一门"为了广阔的人世间，特别是为了同胞国民的幸福，或是为了让他们变得更加聪慧且行为端正"的学问，"符合现世的要求"。（柳田国男：《现代科学》《定本柳田国男集》31，筑摩书房，1964年）。

柳田的民俗学研究方法的特色，在于为了了解"现代"，会参照"过去"，也就是"迄今为止的历程"。因此，乍一看，柳田的学问往往被认为是面向"过去"的，但事实却并非如此。他把"过去"作为了解"现代"的手段来参照，而不是把阐明"过去"作为研究的目的。简言之，柳田民俗学是使用了"过去"这一手法的"现代"学。柳田曾多次提及这一点，以吸引读者的关注。

认为民俗学是"现代学"的不只柳田一人，后来的日本民俗学者也有相同的看法。从20世纪70年代开始，把现代都市作为田野对象的"都市民俗学"研究开始盛行，这正体现出了学者朝向当下的志向。

然而，这种研究趋向却很难传达给民俗学界之外的人，至今世间仍弥漫着对民俗学的误解，人们常常把民俗学简单地理解为"调

序章 "vernacular"即是"俗"

查农村自古流传下来的习俗,并解释其含义"的学问。

为了消除这种误解,本书旨在介绍作为"现代学"的民俗学,即"现代民俗学"是怎样的,为现代民俗学研究贡献一份薄力。同时,参考美国民俗学的研究动向,本书将现代民俗学的研究对象用"vernacular"这一英语词语来表述。

或许有人会问,为什么不使用日语的"民俗",而使用英文的"vernacular"呢?

我并不是想否定民俗学的关键词——"民俗",从而把它替换成"vernacular"。其实我原本也可以使用"民俗"一词,因为"民俗"指的是"民(人们)之俗",与"民(人们)之vernacular"同义。

不过,在社会上的一些地方,与民俗学一样,"民俗"一词也常常被误认为是带有"陈旧"意味的、面向过去的概念。因此,为了给这种误解敲响警钟,为了有助于将人们的目光转向不带有任何成见的"民俗"概念,本书特意使用了"vernacular"这个词。

虽说使用了"vernacular",也不意味着要去除作为"民(人们)之俗"的"民俗"(没有误解的)[1]这个概念。而且,我也不觉得有必要变更"民俗学"这一学科名。

---

[1] 作者想要消除的,是世人对"民俗"这一概念的误解,而不是这个词本身。——译者注

第一部分

我们身边的"俗"

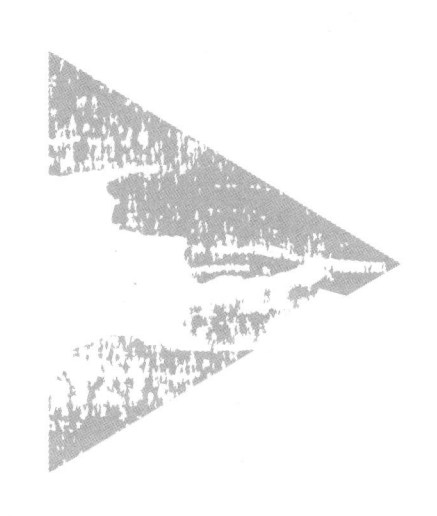

第一章　不为外人知的"家庭内部之俗"

我在关西学院大学里负责教授"现代民俗学"这门课程。每学期，我都会要求学生完成一篇课程论文，题目是"街头的俗"，旨在让学生在世间的各个地方（"街头"不过是个比方）发现"俗"的身影，并记录下来。换言之，这是找寻"vernacular"的练习，而找寻的方法，是牢牢记住课堂上我所讲述的"vernacular"的定义（如本书序章所述），并在广阔世界的各个角落寻找符合该定义的事物。

在学生们提交的报告中，出现了各种各样与vernacular相关的事例。其中，"我家的俗"每次都占据相当大的比重，他们在各自的家庭内部，发现了"俗"的存在。

妈妈创作的怪物

一位大学一年级的女生，以"箕面婆婆"为题写了这样一篇报告。

报告。

你知道"箕面婆婆"吗？肯定不知道吧。因为箕面婆婆是我妈妈自创的。

我住在大阪府池田市。与箕面市相邻。我有一个姐姐，小时候，我们俩经常晚上很晚也不睡，一直吵闹。这时，爸爸和妈妈便会说："不早点睡的话，箕面婆婆会来的！"若是这样还是不睡的话，爸爸妈妈便会拉开窗帘。据说箕面婆婆看到晚上很晚还没睡的孩子，会去袭击他。打开窗帘后，我们看到的是古老而破旧的房子，更加觉得恐怖了。我记得，我和姐姐都很害怕，于是立刻乖乖地上床睡觉了。

长大后，不知从什么时候开始，"箕面婆婆会来的"这一警告消失不见了。虽然已经忘却了很久，但这次为了写报告，我又向妈妈请教了一下关于箕面婆婆的事。妈妈说，我小的时候，电视上经常播放日本传统民间故事的动画片，我和姐姐都害怕《三张护身符》故事中出现的"山姥"[1]这个妖怪。看到我们害怕的样子，妈妈就编出了"箕面婆婆"的故事。传说箕面婆婆住在箕面山上，如果有孩子晚上很晚也不睡，她会很生气并下山来。这是妈妈创作的故事。

现在姐姐21岁，我19岁，自然比父母睡得晚。我们知道没

---

[1] 居住在山中，长得像老婆婆一般的妖怪。——译者注

第一章　不为外人知的"家庭内部之俗（vernacular）"

有箕面婆婆，箕面婆婆不会出现。可是，等我们有了孩子，孩子晚上不肯睡的时候，我们肯定也会借用我们住所附近的某某山的名字，来吓唬孩子说："不早点睡的话，某某婆婆会来的！"

在日本，有许多"民间传承"（此处姑且将其定义为被传统民俗学视为主要研究对象的过去的传承），例如，传说山里有如"山姥"一般可怕的存在；如秋田县的"生鬼"（namahage）一般的"来访神"[1]（在固定时间从异界来到人世间，为人们带来幸福的神）会时而到访人间。而且，这些民间传承如上文中的《三张护身符》一样，在媒体中被再生产，并在社会上广泛传播。

创作出"箕面婆婆"的这位母亲，在经由媒体传播的民间传承中获得了灵感，出色地创造出新的"来访的妖怪"。"箕面婆婆"可谓诞生于现代的代表性习俗（vernacular）。

类似的习俗，存在于各个家庭之中。一位大学二年级女生写了篇关于"怪物嘎嘎"的报告。在这位学生上小学二年级以前住的房子里，父亲房间的墙壁上挂着巨大的布帘。布帘上描绘的，是秋田县的"生鬼"，所以全家人都把父亲的房间称为"鬼屋"。在这位学生以及她的兄弟姐妹还很年幼的时候，如果做了什么坏事的话，父亲就会用手机假装和"怪物嘎嘎"打电话，说："你现在可以过来吗？"（剧情设定为父亲和怪物是好朋友）。看准时机，母亲会去按

---

[1] 日本各地（从北海道到冲绳）都不乏来访神的案例。2018年，其中的10件以"来访神：假面扮装的众神"为名，被列入了联合国教科文组织的人类非物质文化遗产名录。

玄关的门铃。这个演出非常奏效，"之后至少有一个星期，我们兄弟姐妹不仅不再做恶作剧，还会主动帮家里做家务"。可见，借由在旅游特产销售中心出售的"生鬼"门帘，产生了只存在于这位学生家庭内部的新习俗。

"鲁鲁大叔"的故事是一位大学一年级男生写的报告。他小时候每次去购物中心，都会指着服装店的人体模型哭着说："鲁鲁大叔好可怕！"（据说他本人和他父母都不知道为什么是"鲁鲁"这个名字）。因为这件事，如果他不听父母的话，父母就会说"鲁鲁大叔来了！"，以便让他安静下来，乖乖听话。他介绍这个故事后，在报告的末尾如此写道："现在，我们家已不再会出现'鲁鲁大叔'了。今后也不会了吧。事实上，如果不是写这篇报告的话，我应该也不会想起吧。我好像回忆起了一些重要的事，非常开心。今后也要好好珍惜我们家的习俗。"

如上所述，我们可以在"妈妈创作的怪物"中，看到其管教孩子的功能。

学校教育是重视启蒙主义之理性的教育，家庭教育也存在类似之处。但另一方面，从上述事例我们不难看出，从"管教"这一层面看，家庭教育又承担着反启蒙主义，即习俗性（vernacular）教育功能。

气仙沼的海神

宫城县气仙沼市举行的"海神节"是个十分有趣的个案。"海

第一章 不为外人知的"家庭内部之俗（vernacular）"

神"原本是某个家庭为了管教孩子而凭空制造出的具有威慑作用的"来访者"，但后来却发展成为该地区居民普遍参与的一项名为"海神节"的活动。

该项活动始于 1987 年。小山隆市先生是从明治时代开始在气仙沼的鱼市场前经营店铺的"小山点心店"第四代传人，他和他的两位伙伴一起发起了"海神节"活动。小山先生的长子常常欺负弟弟，小山先生看到后，为了教育孩子"这个世界上存在可怕的东西"，便想到扮成秋田县的"生鬼"来吓唬他。这就是"海神节"的起源。小山扮演的"海神"会在 2 月中旬的星期六，戴上类似"生鬼"的面具，穿上类似"生鬼"的服装登场。最初不过是在小山家里举行的活动，怎料消息不胫而走，各家都邀请小山到自己家里来。小山等人答应了大家的请求，于是这一活动从小山家的活动发展成了整个地区的活动。

近年来，当地居民成立了志愿者组织，成员们装扮成六位"海神"，在五十铃神社（当地神社）通过仪式，接受"神灵附体"后，于市内巡游。他们拜访的家庭超过了 60 户，每到一家，都会送出印有"海神"标记的木牌。2011 年，气仙沼在东日本大地震的海啸中受灾严重，但所幸存放于仓库里的面具和服装并没有被冲走，所以第二年当地还照常举行了"海神节"活动。2020 年，他们正迎来第 34 次"海神节"。

图2 气仙沼的海神（前川纱织氏拍摄）

一个家庭的习俗发展成整个地域的习俗，并一直持续了三十多年；如今大人们吓唬孩子的"来访者"已升格为"来访神"，神社会给扮演者举行"神灵附体"的仪式，活动结束时还会赠予人们护符般的"来访神"木牌等。这些都是民俗学研究关注的对象。

我家的规矩

报告中还有很多仅在某个家庭内部形成的习惯。

你知道《侦探夜间独家报道》这个节目吗？是每周五晚11点多开始播放的节目。节目一开始，会响起"塔塔塔拉——"的音乐。在我家有这么一个不成文的规定，音乐一响，一家人便握紧拳头、

第一章　不为外人知的"家庭内部之俗（vernacular）"

相互对视，并配合着节奏摇头晃脑。这是从我小时候开始我家每周五晚的必修课，不这样做的话，父亲会非常生气。而且，就算是看《侦探夜间独家报道》这个节目的录像带回放，也一定要倒到开头，从"塔塔塔拉——"开始放。

因为一直以来都这么做，所以我完全没有违和感，觉得很正常。可有一次和朋友说起，才发现其他人家都不这么做，在我的日常生活中习以为常的事，在别人看来却非常怪异。

于是，我向父亲询问了星期五的这个习惯，父亲说从1988年3月5日《侦探夜间独家报道》节目首次播放起，他从未间断地收看。起初节目好像是在周六晚播放，但后来改到了周五。双休日休息的父亲，因为次日能休息而心情大好，所以一边喝酒一边兴高采烈地观看。至于摇头晃脑的动作，据说是结婚后，他和母亲一起喝多了便开始这么做了，我们出生后他也一直如此。父亲总是以家庭为重，所以周末一家人团聚的时光令他格外开心，每周末他都要摇头晃脑一番。这个动作并没有什么深意，似乎就是喝醉了酒很兴奋，情不自禁地开始手舞足蹈了。

等我有了孩子，如果《侦探夜间独家报道》这个节目还在继续播出的话，我也想把这个习惯保持下去。这就是我家的习俗（vernacular）。

（来自大阪市的某学生）

还有这样一篇报告。

我家有这样一种"默契":每周三,家人一起吃完晚饭后先解散,然后再次集合。集合后做什么呢?唱卡拉OK。这个习惯从我十岁那年开始,到现在已经持续了整整十一年了。

习惯是这样开始的。之前在不同单位工作的父母,双双辞去了工作,开始两个人共同经营一家咖啡店。过去周末是休息日,但因为工作变化的缘故,咖啡店的固定休息日——星期三,成了两人一周中唯一的休息日。父亲想把唯一的休息日,用来"和家人一起度过",因为这是最快乐的。然而,对孩子来说,星期三不放假、要上学,所以只有放学后回家吃晚饭时才能一家团聚。家人一起商量后,购买了当时流行的能唱卡拉OK的软件,形成了吃完晚饭聚在一起唱卡拉OK的习惯。而且每周,家人都会自然而然地一起来到客厅,祖母每次还会习惯性地从房间里拿些点心出来。唱卡拉OK时,每个人按顺序唱两首喜爱的曲目。对父母来说,歌唱能让他们消除一周的疲劳,而与家人的团聚,也让每一位家庭成员精神焕发,从而更好地投入到第二天的生活中去。

随着时间的推移,曾经是孩童的姐姐、我,以及妹妹都升入了大学。我们有时会在傍晚上课、打工,有时会玩到深更半夜。但是,在我们姐妹的心中,依然保留着"'星期三晚上'不能有其他安排,必须回家"的意识。

这个可以称作是家庭传统活动的习惯,守护着我们的家,加

第一章　不为外人知的"家庭内部之俗（vernacular）"

深了我们彼此之间的爱。一直以来无意识地延续的这个习俗（vernacular），随着年龄的增长，这成了我们的一种有意识的行为，我们希望在成家立业之前，一直将它保留下去。而将来，等我们拥有了自己的家庭，也希望能创造出自己家特有的习惯，因为，它会让家人更加相亲相爱。

（来自大阪府南河内郡的某学生）

世间有形形色色的家庭。这些规矩或许只会在家庭内部实施，而不会在家庭外部成为谈论的对象。或者说，若是没有民俗学的课程作业，它们也许不会被公之于众。

鞋子的咒术

家庭内部还存在各种各样的咒术。颇为有趣的是，很多课程论文都提到鞋子的咒术。而且从大家提交的报告来看，有不少家庭会使用相同的咒术。详情如下。

在我家，午后第一次穿新鞋的话，会对鞋子施展咒术。穿上新鞋准备出门时，妈妈一定会拿着马克笔，冲过来说"等一下"。对新鞋施展的咒术，是指用马克笔把鞋底弄脏，在鞋底上随意地涂画，或写些文字什么的。总之，不要让鞋底干干净净地出门就好了。我虽然不清楚详情，但觉得应该就是讨个吉利。如果不这么做，心里会不舒畅。开始一个人生活后，没有为我施展咒术的妈妈在身边，但我在下午第一次穿新鞋的时候，也会自然而然地施咒。

我向妈妈打听了这个习惯，妈妈说，因为外婆一直这么做，所以自己也这么做了。恰巧有新鞋，我就让妈妈实践了一下，妈妈在鞋底写下了"安全"二字。同样的，我问了外婆，外婆也说"因为我妈妈这么做，所以我也这么做了"。据说她从来没有想过为什么要这么做。顺便说一下，外婆施展咒术时，会写幸福的"福"字。在鞋底上写上"福"字，似乎是在践踏福气，但其实并不是这样。外婆说，是希望"福"能从脚到头守护大家。妈妈和外婆怀揣着各自的愿望在施展咒术。

我觉得，或许是因为鞋子支撑着每个人，带我们去往各个地方，所以安全和幸福很重要，人们因而才会施展咒术来寄托心愿吧。

（来自滨松市的某学生。其外婆是福冈县人）

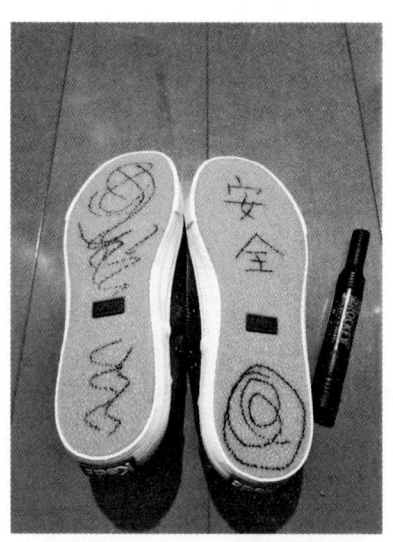

图3　鞋子的咒术（高桥堇氏拍摄）

第一章　不为外人知的"家庭内部之俗（vernacular）"

还有以下一些类似的报告。

不得已在晚上第一次穿新鞋时，要在鞋底点火。这似乎是妈妈小时候就有的仪式。外婆还说，这是在利用"恶灵厌火"来驱邪。

（来自丰中市的某学生）

我家也有第一次穿新鞋时的咒术，这个咒术只有在黄昏穿新鞋的时候才会用。要在玄关处大喊"我是早晨穿的"，然后逐一往鞋底上吐唾沫。这是我家的规矩，我本以为大家都会这么做，但上了中学后才知道，这是只有我家才有的特殊规矩。

（来自神户市某学生）

在我家，下午第一次穿新鞋的话，要撒盐。（不要撒进鞋子里）

（来自福冈市的某学生）

在我家有这样的习惯，第一次穿新鞋要在上午。上午没有穿新鞋外出的计划、下午才出门的话，也要在上午就把鞋子拿到门口。然后，下午穿之前，要用墨锭把鞋底的脚后跟部分涂黑。

（来自大阪市的某学生）

在我家，买新鞋的时候，会要求第一次穿要在从早晨到中午的时间段。而且,穿之前要把新鞋的鞋底和旧鞋的鞋底对擦一下,然后再穿。据父母说,这是为了防止孩子摔倒。

(来自兵库县尼崎的某学生)

从这些报告中我们不难看出,不能在下午(晚上)第一次穿新鞋,不得已而为之时,需要对鞋子施展咒术。而咒术的内容,主要是写字、用火烤、吐唾沫、把新鞋和旧鞋的鞋底对擦等。

为什么要施展这样的咒术呢?

那是因为人们联想到了葬礼。人死之后会举行葬礼。在过去的村落社会中(大约在第二次世界大战以前),土葬比火葬多。土葬的墓穴是村里的男丁合力挖的,挖掘工作需要花费整个上午的时间,所以从家里抬出棺材、亲属和村里的人排成长队送死者到"野边"(野边指"原野附近",那里有墓地)的工作,自然会在下午进行。死者会被穿上叫作"寿衣"(逝者去往地府途中穿的衣服)的白色新和服,以及新的草履[1](现在也有不穿鞋就入殓的情况)。

此外,也有些地区不采用土葬的方式,而是从较早的时候开始就引入了火葬的方式。但是由于没有像现在这样火力强大的火葬场,焚烧尸体需要很长时间,所以大多会从傍晚开始焚烧,遗属们先回趟家,第二天早上再去收骨。如此一来,出殡要等到傍

---

1 在日本,草履是搭配和服的必要配件,外形与日式木屐差不多,由鞋底与鼻绪组成。——译者注。

晚之后。[1]

这些事实让人联想到"下午（晚上）+新鞋=死"，从而令人心生恐惧。人们担心下午穿新鞋的这种行为会引发死亡或不幸，因此会避免在下午或晚上穿新鞋。万不得已要在这一时段穿的话，也一定要通过某种加工，把新鞋做旧再穿。

---

[1] 更进一步说，从日本古代到中世（12—16世纪）前期，贵族和天皇的葬礼都是在深夜举行的，直到江户时代末期，江户、大阪的葬礼也都是在夜晚举行的。（井上章一：《灵车的诞生》，朝日新闻社，1984年；胜田至：《民俗的历史再构成》，《民俗研究的课题》，福田亚细男等编，雄山阁，2000年）。

第二章　校园之俗

在美国民俗学中，诞生于大学里的vernacular，即校园习俗（campus vernacular）的相关研究极为盛行。校园里的传说、林林总总的仪式与表演、学生竞技、宿舍习惯等，均被作为研究对象。[1]

日本大学里也不乏校园习俗。下面介绍几则事例。

关西学院大学之校园七大怪

在我所工作的关西学院大学（简称"关学"）里，学生之间一直流传着"关学七大怪"的校园传说。虽说叫作"七大怪"，但事实上并不止七个传说，而且在不同的讲述人眼中，七大怪的内容也不尽相同，以下暂举一例来进行说明。

---

[1] 例如Simon J. Bronner, *Campus Traditions: Folklore from the Old-Time College to the Modern Mega-University*, University Press of Mississippi, 2012.

图4 "七大怪"上演的舞台(关西学院大学西宫上原校区)

图5 被涂白的窗户(2楼中间。关西学院大学西宫上原校区)

第二章 校园之俗（vernacular）

（1）经济学院和文学院之间有条地下通道。现在该通道出于下述理由已经被关闭了。某个女生在春季学期例行考试的最后一天，因为好奇进入了那个通道。但进去后不久，正好到了通道关闭的时间，警卫人员锁上了通道的大门。被关在里面的女学生，无法从通道里出来，整个暑假都被反锁其中。到了秋季学期开学，通道的门被打开后，女生的尸体才被发现。通道门的内侧留下了无数的抓痕。从那以后，该条通道禁止通行。

（2）过了晚上十一点，有人会感觉有女生在商学院前的新月池附近漫步。当回头细看看时，女孩的身影早已消失得无影无踪。

（3）经济学院二楼有扇被涂白的窗户。据说以前有人从这扇窗户跳楼自杀，所以后来便把它涂白了。

（4）一年级学生如果在七夕之前没有交到男朋友或女朋友的话，大学四年都交不到。

（5）在中央草坪上，有十字交叉的道路，据说道路的交叉点是UFO的着陆点。

（6）在钟楼下告白的情侣，绝对会分手。

（7）如果一天里遇到三个神学院的学生，会有好事发生。

其中的第七条，真的有学生实际尝试去做。某位学生在课程论文中这样写道："我的朋友们在有重大事情的那天，必定会去神学院周围转悠以便遇到神学院的学生。"

除了上述七大传说之外，还有一些其他的说法，例如"某某学院的某某教授,在下雨天也绝不打伞,总是在雨中骑着自行车疾驰";"某某学院的某某教授,在招收研讨课成员时,只招美女";"校园中应该有七座小人像(七个小人),但你怎么也找不到第七个";等等。

推理小说作家阪上顺[1],曾于20世纪60年代末就读于关西学院大学,在其描写学生生活的回忆纪实小说《上原——爆笑大学》中,提到了校园七大怪谈。他说"听说真的有七个,但我只知道四个"。阪上列出了以下四个传说。

(1)中央草坪里有一块地方,无论在烈日下怎样曝晒都会保持湿润。

(2)中央草坪上立着的旗杆,明明没有风却呼呼作响。

(3)钟楼前面、左边、右边三面都有时钟,但背面却没有。其实过去四面都有,可有一次,一位失恋的学生从钟楼后面跳下来自杀了。那时候,时钟也紧随其后掉落了下来。之后,重新补装了好几次,但装上过一晚时钟就会又掉下来。因此,现在背面没有时钟了。

(4)经济学院校舍二楼的窗户被墙土封砌。失恋的学生从二楼的教室跳楼自杀,之后,每次在那个教室上课,窗户都会自动打开,并传来一声"扑通"的掉落声和痛苦的呻吟声。于是,学校下

---

[1] 笔名为kanbemusashi。——译者注

第二章 校园之俗（vernacular）

令把那扇窗户封了。

这四个传说中的第（4）个，在上文的"七大怪"之（3）里也有被讲述。阪上在1967年到1971年间就读于关西学院大学，可见关西学院大学的校园怪谈迄今已被讲述了五十年之久。

我问了学生们关于"七大怪"的情况，很多学生都是在入学后几个月、习惯了大学生活时，从俱乐部或社团的前辈那里得知的。俱乐部和社团的集训，成为包括"七大怪"在内的"都市传说"的讲述之场。

在关于校园七大怪谈的学生报告中，还有人写道"只有知晓了'七大怪'，才能成为一名合格的关西学院大学学生"，可见，在学生之间或许共享着这种真实的感受。

然而，新生想要成为关西学院大学的一员，不仅需要了解校园七大怪，还需要掌握只在关西学院大学学生之间通用的校园用语。

校园用语

接下来举例说明一下关西学院大学学生所使用的校园用语。

naiber（内部人）：来自关西学院高中部的内部升学者。

deep naiber（资深内部人）：从初中开始就在关西学院就读的人。[1]

---

[1] 关西学院大学为日本关西地区四所著名私立大学之一（另三所为关西大学、同志社大学、立命馆大学），而日本的私立学校通常包含幼儿园、小学、初中、高中、大学的一体化教学体系。——译者注

Tezu kids（帝冢人）：毕业于帝冢山学院高中的人。帝冢山学院高中与关西学院大学有友好关系，那里的学生可以直升关西学院大学。

银座通：贯穿上原校区（位于西宫市的上原校区为关西学院大学的主校区）中心的主要街道。在阪上的小说中也有出现，可见五十年前就有了这个词。

中芝：成为"七大怪"传说的舞台的中央草坪。午休和放学后，可以看到很多学生在草坪上休憩的身影。

Kiri教：所有学院的必修课——"基督（Christ）教学"的略称。关西学院大学的所有学生都上过该门课程。

五别：校舍名，"第五别馆"的略称。

关西学院大学的学生在日常生活中非常自然地使用着这些词汇，甚至可以说，没有这些词生活会很不方便。

例如，"银座通"并非大学官方决定的名称，但由于没有正式的名称可以指代这条路，所以不仅是学生，教职员工也会很自然地使用这个词。

除了"银座通"以外的上述词汇，虽然有各自正式的表述形式，但使用起来会很麻烦。"毕业于关西学院高中部的人""毕业于关西学院初中部及高中部的人""毕业于帝冢山学院高中的人""中央草坪""基督教学""第五别馆"等等，这些正式表述都显得拖沓冗长。校园用语可以有效地避免说话累赘，而且，通过使用新词、流

第二章 校园之俗（vernacular）

行词、缩略词，也拉近了词汇所描述的对象和学生之间的距离，让人有一种亲近的感觉。

学生们一边使用校园用语，一边享受四年的大学时光，等到他们毕业以后，这些词会令他们心生怀念，让他们忆起校园生活的种种过往。

不仅如此，毕业生们相遇的时候，即使在那之前彼此没有见过面，或者彼此年龄有些差距，但只要说出关西学院大学的校园用语，便可以共享曾在同一个校园里学习的经历，从而生成一种弱连带关系。可见，校园用语具有超越实用功能的人际联结作用。

关西学院大学还有一些表示各学院和年级特征的用语。

傻瓜学院（法学院）："傻瓜"（aho）和"法"（ho）发音相似。

化妆学院（商学院）：化妆的"妆"（syou）和"商"（syou）发音相同。

停止吧学院（经济学院）："停止吧"（yametoke）和"经济"（keizai）中，都有ke的发音。

游戏学院（文学院）："玩"（asobu）和"文学"（bungaku）中，都有bu的发音。

可怜学院（综合政策学院）：校区在三田市，离市中心很远，所以学生"好可怜"。"可怜"（kawaiso）和"综合"（sougo）中，都有so的发音。

聪明学院（理工学院）：理工学院里"聪明人"比较多吗？是因

为"聪明"（riko）和"理工"（riko）发音相同。

社girl：社会学院一年级女生。因为社会学院美女如云，让人联想起夏加尔（Chagall）[1]所绘的美图，而"Chagall"和"社girl"同音，因此得名。

社lady：社会学院二年级女生。

社madam：社会学院三年级女生。

社ba-ba[2]：社会学院四年级女生。

很明显，这些不过是一种语言的游戏，而非事实的表述。

体育部拐角处的问候

也有许多与体育部相关的习俗（vernacular），例如下面这个事例。

在划艇部，有个独特的习俗，划艇部成员每次经过划艇仓库的拐角处，都必须和大家打招呼。划艇仓库（船仓）在芦屋市的海洋体育馆里，那里也是划艇部训练的场所。划艇仓库位于从体育馆入口直走而后向左直角转弯的地方，经过这个拐角处时，不论是前辈还是后辈，都必须大声地说"早上好"。尤其需要注意的是，"每

---

1 马克•夏加尔（Marc chagall，1887—1985）。白俄罗斯裔法国画家、版画家和设计师。——译者注
2 日语称呼年纪大的女性为ba-ba，有贬义。——译者注

第二章 校园之俗（vernacular）

次"经过都必须这么做。例如，早上来划艇仓库道了声"早上好"后，去了趟卫生间，再回来的时候也要再说"早上好"。我刚刚加入社团时，很困惑为什么要反复说同样的话，而且还不知道在和谁打招呼。我觉得这么做，相当于没有表达问候之意。

然而，部员们并不介意这么做，反倒都明快而大声地打着招呼。因为，这对于划艇部来说有着特殊的意义，那就是——"营造气氛"，即通过大声打招呼来活跃队伍的气氛。打招呼的人，也就是全体成员，都成为气氛的制造者，发挥提升队伍士气的作用。此外，大声说话也能提高自身的士气，能再次确认自己是划艇部的一分子，而且打招呼还具有切换自己的工作和休闲两种状态的意义。

在其他人看来，这可能是一道异样的风景。但对于划艇部而言，这个习惯已经成为证明划艇部的独特之处、确认自己是划艇部成员这一身份认同的重要习惯。

（三年级学生，隶属于划艇部）

划艇部成员意识到了打招呼所具有的"营造气氛""加强身份认同感"等心理效果，这点颇为有趣。

因为体育部的活动伴随着严格的竞技比赛，所以也产生了讨彩头的习俗。射击部里的"能势神"传说就是这样一个例子。射击部学生撰写的报告如下。

射击部里有这样一个传说，如果在去能势射击场的途中看到

"能势神"的话，比赛时就能取得好成绩。射击比赛的场地有限，在关西地区，大多会在大阪府丰能郡能势町的国体纪念体育中心步枪射击场举行比赛。所谓"能势神"，指的是在射击场附近出现的一位老人。

"能势神"是一位只要向他挥挥手，他就会笑容可掬地也向你挥挥手的老人。我自己去参加新人赛的时候也遇到了他。在那场比赛中，虽然很遗憾，我以一分之差未能进入决赛，但还是取得了不错的分数。大家都说"能势神"就住在附近，但详情不明。我询问了前辈这位老人被称为"能势神"的契机与经过，却没有得到答案。

（二年级学生，隶属于射击部）

接下来，让我们看看这篇关于赛艇部的"essen"（部员食用的营养餐）的报告。

"essen"是指赛艇部的管理人准备的餐食。在赛艇部，队员们远征和比赛的时候自不必说，平日练习时也会吃管理人做的饭。赛艇的练习非常辛苦，一次就要消耗2000千卡到3000千卡的卡路里。如果个人随意饮食的话，肌肉和体重都会减少，不能养成强壮的体魄，所以需要食用管理人调配的营养餐。营养餐有早上练习结束后的"早餐"、休息日上午练习结束后的"午餐"，以及下午练习结束后的"晚餐"。早餐的菜单是米饭、鸡蛋、纳豆、味噌汤；中午是盖浇饭；晚上是2~3种小菜和汤类。男生至少吃600克米饭，

第二章　校园之俗（vernacular）

女生至少 330 克。

（二年级学生，隶属于赛艇部）

"essen"在德语中表示"饮食"的意思。我问了一下赛艇部的学生，得知其他大学的赛艇部也会使用这个词。之后，我在网络上搜索了一下，也得到了印证。

关西学院大学的赛艇部是在 1894 年创立的，那时是明治时代，而其他大学的赛艇部也有不少是第二次世界大战前创建的。

事实上，"essen"一词与"gel"（钱）、"mädchen"（年轻女性）、"liebe"（恋人）、"trinken"（酒）等一样，是在战前的旧制高中里，作为与学生生活相关的俗语而被使用的源于德语的词语。旧制高中的学生们喜欢使用这些只能在彼此间通用的隐语。赛艇部的"essen"，是被保留下来、传承至今的一个词。顺便提一下，现在大学生经常使用的"kompanie"（与朋友的宴会）、"arbeit"（学生的兼职劳动），也是得以留存下来的旧制高中生用语。[1]

有趣的是，不仅是关西学院大学，其余各所大学的赛艇部成员对"essen"一词也情有独钟。在赛艇部学生们的照片墙（Instagram）和推特（Twitter）上，可以看到许多关于"今天的 essen""最后的

---

[1] 需要补充说明的是，这里列举的这些词语的含义，是在旧制高中生的使用过程中被赋予的，与德语的原意不尽相同。德语原义如下："gel"（钱）、"mädchen"（少女）、"liebe"（恋爱、恋人）、"trinken"（喝）、"kompanie"（朋友）、"arbeit"（工作）。

essen"（退团前吃的最后一顿营养餐）"还想吃essen"（毕业生的发言）的记录，这些记录饱含深情。而"essen"对于制作它的管理人来说，是倾注了自己所有心血的"作品"。

俗话说"同吃一锅饭"，意思是"长期生活在一起的人会产生连带感"。民俗学把人和人一起吃饭叫作"共食"，并对此展开了诸多观察。结果表明，"共食"有加强人与人之间纽带的作用。"essen"正是所谓的"共食"，它既是严格管理营养的一种手段，同时也起到了增强成员之间的连带感的作用。不仅如此，在成员退团之后的人生中，"essen"会与赛艇部的友谊一同被牢记，成为令其怀念的记忆。

道一句"你好desu"

宿舍里也有校园习俗。

关西学院大学有三所男生宿舍和两所女生宿舍。我住在其中的清风寮女生宿舍，宿舍里会使用一些另类的日语。打招呼的时候，舍友们不是说"你好""我回来了"，而是说"你好desu""我回来了desu"。[1] 一年级的学生甚至会对学长说"早上好desu""路上小心desu""晚安desu"之类的话。这些日语的使用方法，是在入住时由学长教的。据学长说，在宿舍里的上下级关系比现在更为严苛的

---

[1] 她们在通用的日语表述末尾一律加上"desu"来表示尊敬，但这并不符合日语表述习惯。——译者注

第二章　校园之俗（vernacular）

时代，有人觉得，对学长说"我回来了"很失礼，从那以后，大家就尝试着使用更加礼貌的措辞了。

刚入住宿舍的时候，新生都觉得"这种另类的日语并非正确的敬语表达方式，不明其意"，甚至有人会极为抵触。但随着时间的流逝，大家都渐渐觉得这种另类表达是理所当然的。如今，形势更是发生了逆转，有人觉得如果不在句末加上"desu"以示尊敬，就会浑身不自在。

但是，对于宿舍以外的学长，大家都使用普通的敬语表达。另类的日语是宿舍内部成员之间的习俗（vernacular）。

（三年级学生，住在女生宿舍）

确实是一些不可思议的日语表达。但是，如果站在创造并使用这些日语表述的学生的立场上来看，也不难想象其必然性。宿舍里的学弟学妹想要对学长使用敬语时，如果说"阁下慢走""鄙人回来了"会显得过于尊敬，从而难以启齿。可如果简单地说"你走好""我回来了"又会让人觉得有些粗鲁。所以才诞生了这种折中的表达方式——"路上小心desu""我回来了desu"吧。这么一想，我不禁对他们产生了某种共情。

不过，像"你好""早上好""晚安"这样的表述，原本就让人觉得挺有礼貌的，可一旦在句末加上"desu"以示敬意后，就会顺理成章地想要在所有语句后面都加上desu，故而产生了"你好desu""早上好desu""晚安desu"等说法吧。

或许有人会认为这些表述不过是些"奇怪的日语",但如果站在当事人的立场、内在地理解这种习俗(vernacular)的生成原因的话,便不会不分青红皂白地对其进行否定了。

另外,也可以认为,宿舍成员是在通过共享这种表达方式,确认"自身意识",也就是作为宿舍成员的身份。

学生的报告上写着"在宿舍外不使用这样的表达方式"。那么,我还是把它作为某种方言("方言"正是"vernacular"),珍藏起来吧。

清晨的闹铃——垃圾车之歌

也有一些习俗是在学生们的寄宿生活中产生的。

在宝冢市,垃圾车收垃圾时会播放宝冢市市歌。我出生于广岛,来宝冢市已经两年了。在广岛,垃圾车不会播放音乐,所以第一次听到时我大吃一惊。一开始,我不知道那是什么声音,感觉怪怪的。因为它与学校的铃声不同,时近时远,音量会发生很大的变化。

或许有人觉得,这样的音乐响彻屋内,很是扰民,但我听习惯后,反而觉得它是我的"救命曲"。因为有过好几次,我听到它而醒来,从而避免了迟到的发生。我曾跟几个朋友说,"今天早上原本要迟到了,但是因为'垃圾车之歌'爬了起来,赶上了点",结果朋友们的反应不尽相同。这也不难理解,我本以为寄宿的朋友都知

第二章　校园之俗（vernacular）

道这首歌，但其实大部分朋友住在西官市，而不是宝冢市，所以并不知晓，只有少数住在宝冢的朋友才知道。因此，我一遇到住在宝冢市的朋友，就必定会提起"垃圾车之歌"，我们的交谈因而变得热烈起来，还一起哼起了"垃圾车之歌"，令我由此感受到浓浓的伙伴情谊。

（三年级学生，住在宝冢市）

这位学生从偏远地方来上大学，在新的城市开始了寄宿生活。起初觉得吃惊的事情，也渐渐变成了他生活的一部分。垃圾车播放的音乐，被收录在他构筑自我世界的音像（声音的风景）中，令其倍感留恋。

垃圾车的音乐本身并不是一种习俗（vernacular）。因为它存在于行政部门运营的清扫制度中，是为了通知人们垃圾车的到来而使用的音乐，"闹铃"并非它的功能。然而，人们却把它引入自己的生活中，并开发出了令官方部门意想不到的功能。不仅如此，人们还对这种音乐倍感亲切，并与朋友分享这种感受。可见，在这一过程中，官方制度里的事物变成了非官方的存在，即"俗"（vernacular）的存在。

第三章　劳动者之俗

1. 消防员的习俗

美国的消防署

美国民俗学中积累了很多与"vernacular"相关的研究成果，他们以警察、消防员、空乘人员、办公室工作人员等各种职业的人为对象，调查了不同职业的人群在各自的工作中生成、实践并传播、流传下来的习俗。

近期美国出版了一本名为《活态民俗》(*Living Folklore*)[1]的教科书，这本书中就收录了很多民俗学调查报告的范本。其中有一份是一位大学生撰写的关于消防署习俗的调查报告。

---

[1] Martha C. Sims and Martine Stephens, *Living Folklore: An Introduction to the Study of People and Their Traditions, Second Edition*, Utah State University Press, 2011.

书中说：大学一年级学生乔（Joe Ringler）为了撰写田野调查报告，去了121号消防署（Station 121）。这是他第一次做田野调查，因而特别紧张。当他鼓足勇气走进消防署后，一位消防队员热情地接待了他，并把他介绍给了自己的同事。从那天起，乔便开始做关于消防署习俗的调查。通过历时半年的调查，乔弄清了许多外人无从知晓的事情。

消防员们按工作制度分为三个组。

每个组各有特色，每个消防员都把自己的队友看作兄弟、家人。

消防署里有辆名为"引擎121"的消防车，大家给这辆消防车赋予了个性和"人格"，把它当成自己的伙伴。

消防员们在火灾现场的表现出色，"技能"娴熟。

队员们在消防署内吃同一锅饭、一起玩游戏、互相开玩笑，营造工作生活中的乐趣。

通过这篇报告不难看出，在消防员们的日常生活中，互相打趣和一起吃饭尤为重要。

从工作性质来说，消防员时时与危险相伴。伙伴之间互开玩笑，可以令他们从工作的紧张中解放出来，得到放松，有助于他们的心理健康。而伙伴们自己做饭并共同分享，则可以加强彼此之间的联结和团队意识，是令他们产生归属感的重要契机。

第三章　劳动者之俗（vernacular）

消防乌冬面

日本的情形又如何呢？在日本，目前尚未展开以消防署为对象的民俗学研究，但我想举两个例子——"消防乌冬面"和"消防饭"，因为我觉得它们应该可以说是与消防行业相关的习俗（vernacular）。[1]

消防乌冬面是指消防队员们在消防署内制作的乌冬面。因为随时会收到出发救火的指令，所以消防队员们无法在饭点从容地外出吃饭。制作简单且不费时间就能做出来的食物，唯有乌冬面了。

每个消防署都有乌冬面，消防队员在烹饪上下了很多功夫，乌冬面变得越来越美味。而且，各消防署的特色也逐渐显现出来。不知从何时起，这种乌冬面被称作"消防乌冬面"。

《神奈川新闻》报在其2012年11月20的新闻报道中，有一则题为"川崎市消防局之'蘸汁乌冬面'，加强团结的传统味道"的新闻，介绍了神奈川县川崎市川崎消防署的"消防乌冬面"。

> 川崎市消防署里有一种传承了50多年的传统饮食，名叫"消防乌冬面"。"消防乌冬面"是当班人员午餐的固定菜单，为了能够随时出发应对火警，他们不能离开消防署外出用餐。年轻的消防队

---

[1] 先说一下为什么"消防面""消防饭"可以被称作"习俗"（vernacular）。通常，在职场的用餐时间，是相较于工作时间而言的"休息时间"。换句话说，它是与"工作时间"（正式时间）相对的休息、用餐时间"（非正式时间）。"非正式时间"符合 vernacular 定义中的一个要素——与正式制度保有一定的距离。因此，职场中的用餐时间、场所以及人们食用的餐饮类型，都可以被视为 vernacular 的一种。

员们自己动手烹饪，一代一代将消防署乌冬面的味道传承了下来。然而，为什么是乌冬面呢？因为消防署有消防署的特殊之处。

11月中旬的某个早晨，相对空闲的三名消防队员来到消防署的食堂里。他们健壮的体格让人很难想象他们竟如此灵巧，手法竟如此娴熟。他们将葱和白菜一一切碎，用调味料调好汤汁。他们要做30份乌冬面。

消防员三船翔（22岁）说："在成为消防员之前没做过饭。"30分钟就调好了酱油汤底，将刚出锅的面蘸着汤吃就是这里的"消防乌冬面"。也有人会根据个人喜好，加点天妇罗渣、辣油或芝麻。

"消防乌冬面"的来由不明。据一位1968年入职的职员说，在他入职时，市内所有消防署里，消防乌冬面已经作为共同的伙食而存在了。

选用的食材价格低廉，有白菜、大葱、洋葱、菌菇、油豆腐、肉等。购买费用由全体值班人员共同负担。

总务科负责宣传的小林裕次股长[1]，如此解释为何会选中乌冬面："做起来简单，短时间就能吃。值班人员不知道什么时候会接到行动指令，这是他们选择乌冬面最主要的原因。"

选择蘸面也是有原因的。值班人员的午饭时间受到出发指令的影响，所以很不规律。而蘸面，是只要用微波炉加热，就可以随时吃到的美味。

---

1 股长为科长的下一级。——译者注

第三章　劳动者之俗（vernacular）

之所以一直自己烹饪，是因为担心外卖便当有可能会引发集体食物中毒。而之所以坚持使用大量能够长时间储存的干面，是因为想要储备一定量的食物以防灾害的发生。他们总是贮存1个月左右的分量。

因为几乎每天都吃，所以为了吃不腻，他们研发了各种各样的口味。除了酱油味的"常规"版之外，咖喱、味噌、盐等是基本的几种口味。此外，在肉比较贵的时期，作为替代品使用的水煮青花鱼罐头，使得"青花鱼乌冬面"也保留了下来。

原健次郎消防队长（31岁）一边啜吸着后辈做的乌冬面，一脸满意地说："味道传承得很好。"这天唯一一位值班的女消防员小泽朝美（25岁）说道："一点都吃不腻，真是太不可思议了。相反，如果不是乌冬面的话，身体就动弹不了了。"

小林股长则说："吃大家亲手做的同一个锅里的饭，有加强团结的效果。"

"消防乌冬面"经常出现于消防署在地方举办的宣传活动中。例如，在2019年举行的"2019神奈川小田原城消防博览会"上，除了消防音乐队的表演、消防车辆的展示、乘坐梯车的体验外，还有"消防乌冬面"的试吃活动。

消防饭

消防署的伙食不仅仅是乌冬面，还有一种被叫作"消防饭"的料理，"消防饭"的品种多种多样。

爱媛县西条市的消防总部的网站上，刊登有一篇题为"向快捷、便宜、美味发起的挑战——消防饭菜单"的报道。[1] 报道的前言这样写道：

在西条市东消防署、西消防署里，有分别负责消防、急救、救助的三类工作人员，他们 24 小时不间断工作。

民以食为天，过了下午 5 点，他们便开始自己做饭。因为不知道什么时候要出发去救火，所以用餐的速度十分重要，同时，还要追求成本低廉、饭菜美味。

下面介绍一下从训练和救灾现场回到署里后，消防员们会食用的料理，这是他们力量的源泉所在。

之后的报道，详细介绍了菜谱。如"电饭煲关东煮""内脏火锅口味的五花肉""充沛精神的盖浇饭""极为简单的鸡肉南蛮[2]""烹饪时间短、孩子也喜欢的电饭煲烩饭""红薯饭和路边摊风乌冬面""炸鸡套餐""中华冷面""鸡肉盖浇饭套餐""生姜味烤肉套餐"等等。

此外，在支援消防、消防团、警察、海保、自卫队的购物网站——Signal 上，除了发布面向消防相关人员的各种信息之外，还

1　https://www.city.saijo.ehime.jp/site/shobo/shobomeshi.html，2020 年 8 月 1 日阅览。
2　源于宫崎县的一道菜，将鸡肉油炸后放入甜醋中浸泡。——译者注

第三章　劳动者之俗（vernacular）

设有"消防饭"的连载专栏，从第一次的"田园调布消防署：署员欲罢不能的绝品俄式炒牛肉"（2017年6月），到第11次的"佐伯市消防总部宇目分署：易吸收、添精力的肉汤、热饭、芝麻高汤乌冬面"（2019年11月），介绍了日本全国各地的"消防饭"。[1]

各地的消防员都对自家消防署的"消防饭"有着深深的眷恋，尤其是冈山县真庭市消防总部，他们在脸书（Facebook）上开设了一个名为"消防员厨房"的账号，每天，除了发布一些本地消防相关的话题之外，他们还会拍下当日"消防饭"的照片，投稿到脸书上。

而且，该消防总部从2019年开始举办名为"真庭市消防员厨房"的活动（截至2020年当下，共举办了两次），专门宣传"消防饭"。第一次活动是在2019年11月举办的，在本地张贴的海报上写有："这里聚集了真庭消防署引以为傲的招牌料理！！服务员和收银员都是消防员。这一天是消防员全身心为您提供美食的特殊日子。"活动时间从上午11点到下午3点，举办方真庭市消防总部邀请普通市民来品尝他们的"消防饭"，一份为500日元。

---

[1] https://www.signalos.co.jp/news/tag/%E6%B6%88%E9%98%B2%E3%82%81%E3%81%97%97/，2020年8月1日阅览。

65

图6　真庭市"消防员厨房"海报（真庭市消防总部）

以上是对"消防乌冬面"和"消防饭"的简要介绍，从中我们可以归纳出以下几点特征。

"消防乌冬面"和"消防饭"的特征是：不用外出就能吃到；制作不麻烦；能够迅速吃完。因为每天都要吃，为了不让人腻味，他们在口味和花式上煞费苦心，因而饭和面也颇为讲究。此外，吃同一锅饭还能营造出一种连带感。

上述内容是关于消防署内部的，有趣的是，"消防乌冬面"和"消防饭"还发挥着联系消防署与外部社会的作用。

消防署的成员主动在网站和社交网络（SNS）上介绍"消防乌冬面"和"消防饭"，在面向公众的宣传活动中设置了"消防乌冬面"和"消防饭"的试吃环节。

换言之,"消防乌冬面"和"消防饭"这样的"俗食"(vernacular 的食物),将消防署与外部社会联结起来。习俗(vernacular)中显露着传承人的个性,传承人可以通过习俗,把自身独具特色的世界传递给外部的人们。如此,习俗发挥着联结人与人、内部与外部的中介作用。

2. 卡车司机的习俗

卡车司机的问候

最近出版的桥本爱喜的《也让卡车司机说几句》(新潮社,2020年)一书中,介绍了许多有趣的卡车司机的习俗(vernacular)。作者桥本如今是一名极为活跃的作家,过去却是位女司机,驾驶过大型卡车。这本书是依据她的个人经历写成的。

从桥本的记述中,我们可以归纳出不少卡车司机的习俗,详情如下。

(1)在长途卡车司机的车内,必定有无须手持的麦克风和扬声器。在行驶过程中或休息时,他们一旦想与人交流,就会在叫作"群聊"(groupchat)的社交网络上和朋友聊天,彼此交换交通堵塞的信息,营造一种互相鼓励、避免疲劳驾驶的环境。从中,我们可以看出卡车司机之间牢固的伙伴意识和想要互帮互助的心情。

（2）卡车司机在高速公路和主干道上，与其他卡车擦肩而过时［行业术语称之为"偶遇"（slide），源于无线电台用语］，哪怕只是一瞬间，也能发现熟人或同一家公司的司机，在"群聊"或回到车库时，他们会兴奋地说"刚才我们在××附近偶遇了呢"。

（3）遇到红灯停车时，一名卡车司机若是看见对面车道的最前方有要右转的小轿车，而该车辆的身后停着一辆卡车的话，那即使信号灯变绿他也不会立即出发，而是会让对面的轿车先行右转，这是为了让轿车后方的卡车能够迅速前行。[1]这种情况下，卡车司机之间相互并不认识。尽管如此，这个习惯还是成了卡车司机们默认的行规。无须等待就可以直行的卡车司机，向对面的卡车司机举手示意。对方也同样举手回应。这也可以看出司机们相互帮助的伙伴意识。

（4）驾驶室既是卡车司机的"工作室"，也是属于他们"自己的房间"，所以司机们会按照自己的喜好定制车内的装饰。例如，将换挡手柄（用于换挡的杆）从标准配备的圆形改成长棒状（加入气泡的水晶长棒是经典设计款，有时甚至会有做成"刀"形的）。

（5）将卡车停靠在路边，把脚放在方向盘上休息。这从《道路交通法》来看是违法的，但是卡车司机却有着不得不这么做的理

---

[1] 日本汽车靠左侧行驶，若信号灯变绿后卡车司机前行，则对面右转的轿车需一直等待直行的车辆，而其身后想要直行的卡车也因为右转轿车的阻碍而无法前行。——译者注

第三章 劳动者之俗（vernacular）

由。首先，厚生劳动省[1]提出的《改善汽车驾驶员劳动时间等的准则》中规定，驾驶4小时后必须休息30分钟（司机们把这个规定称为"430"）。而且，卡车的到达时间需要配合货主的情况而定，所以必须在到达目的地前调整时间，因此，他们需要有地方可以停车，却很难找到可以停车的地方，故而不得不停在路边。

此外，把脚举到方向盘上是种不雅的行为，但长时间持续坐着开车的话，会像"经济舱症候群"那样，腿脚会浮肿，而把脚举起来是解决这个问题的一个好方法。（大型卡车里，不少驾驶席后面有床，可如果在那里睡的话，容易因为积聚的疲劳而睡过头，所以才选择在驾驶座上小憩）。

都是些外人难以得知的习俗。

据桥本说，卡车司机们在严酷的劳动条件下每日开着卡车。他们一面被苛刻地要求"不要开快，中途要休息，一面又不准迟到，而且到早了也不准在附近等着"。但同时，"司机们觉得自己从事着日本经济运转过程中不可缺少的工作，他们带着这种自豪感奔走于日本各地"。然而，"社会上的其他人很难理解其中的内情，总是抱怨他们碍事、太慢了等等，所以司机同行间的伙伴意识自然而然变得更加强烈了"。

在这样的背景下，也就是说，在严酷的劳动环境和无法获得

---

[1] 是日本负责医疗卫生和社会保障的中央省厅。——译者注

周围人理解的情况下，为了生存下去而产生的奇思妙想，以及因驾驶员之间的连带感而生成的行为和表现，便是卡车司机的习俗（vernacular）。

CB无线电台里的对话

我想再继续讲讲卡车的故事。

2008年，我在北海道札幌市的一家小酒馆里，偶然认识了一位曾做过翻斗车司机的70多岁的老人，从他那里听说了关于大型卡车司机使用的无线电台的有趣故事。

他说他开着堆满石子和煤炭的大型翻斗车，在北海道四处奔走了三十多年，非常喜欢使用名叫"CB无线电台"[1]的卡车无线装置。现在，CB无线电台已经被社交网络（SNS）取代了，但在过去，大型卡车的驾驶席上，必定会设有CB无线电台的无线机。

司机们任意起一个昵称一般的"呼号"（call sign），熟练使用着独特的无线电台用语，频繁进行交流。他们实际使用的无线机是"水货"（通过非正规渠道获得的日本制造、出口美国的无线机），输出功率远远超过《电波法》的规定，且没有使用执照，完全违反了《电波法》。但是，据说使用了这种无线机后，可以与半径约50

---

[1] 所谓CB，是"Citizen Band"（面向市民的频率带）的略称，在日本被译为"市民频段"。这一制度的设立是为了普通市民私人联系时能使用频率较低的无线电台，与业余无线电台是有区别的。《电波法》规定，有执照的市民可以使用短波27MHz频率带的无线机。但如本文所述，卡车司机通过非正规渠道获取了出口美国的高频率无线机，安装在卡车驾驶座上。

第三章　劳动者之俗（vernacular）

公里范围内的伙伴进行对话，这是正规的无线机所无法办到的（正规无线机只能在工地现场等近距离通话）。对于司机们来说，无线电台是生活中不可缺少的交流工具，他们用无线电台与朋友约定在驾车旅馆（drive inn）的碰头时间，或是通过对话来赶走瞌睡虫。

在美国民俗学中，这些卡车司机的CB无线电台也被作为研究对象。一位美国民俗学者苏珊·凯斯克在题为《CB社区——现代世界的folklore》的论文中写道："他们用CB无线电台频繁地交流着自己独特的俚语和故事，这些应该被称为'CB Folklore'。"（Susan Kalcik, "The CB Community: Folklore in the Modern World," Folklore in Your Community, Smithsonian Institution, 1979）

此外，在民俗学者扬·哈罗德·布鲁范德编写的《美国民俗学百科全书》中，有这样一句话："卡车司机们在彼此相距遥远的地方飞驰，常常感到孤独，所以会频繁地使用非正式的口头网络——CB无线电台进行交流。他们会使用独特的昵称、俚语，还会时不时开开玩笑、聊聊怪谈。"（Clover Williams, "Truckers' Folklore," American Folklore An Encyclopedia, Edited by Jan Harold Brunvand, Garland Publishing, 1996）

不过，由于日本卡车司机使用的CB无线电台功率太高，导致了很多电波故障，引发了不少事故。例如，在观光巴士的车内，突然从扩音器里听到了卡车司机的声音；主干道沿线的住宅的电视画

71

面突然出现混乱等。因此，管辖电波业务的邮政省[1]（后改为总务省[2]）的相关部门开展了道路检查，取缔了非法电波。

无执照使用高频输出的CB无线电台，是违反《电波法》的犯罪行为。无论是多么有趣的习俗，也不能鼓励犯罪。然而，虽说是犯罪，却也无法抹去现实中存在的这些习俗。为什么卡车司机想要获得非法CB无线电台？为什么这种无线电台在美国被许可，在日本却不被认可？是否能想些办法来满足他们的需求？等等，有很多问题值得我们思考。[3]

3. 铁路民俗学

车站里带池塘的庭院

我上小学的时候，住在横滨市中区。那是昭和五十年代的事。

---

[1] 日本在2001年1月5日之前存在的关于邮政、邮政储蓄、邮政汇票、邮政汇款、简易生命保险事业及电气通信放送行政的中央省厅。——译者注
[2] 日本2001年中央省厅再编中新诞生的政府机关，是由总务厅、邮政省、自治省"三合一"而来的部门。——译者注
[3] 世上也有不少被视作犯罪的习俗（vernacular）。在野的民俗学者礫川全次等开展了有关犯罪的民俗学研究，出版了《犯罪的民俗学》1、2（批评社，1993/1996年）、《犯罪与猎奇的民俗学》（批评社，2003年）等著作和资料集。此外，早期还有赤松启介的《非常民的性民俗》（明石书店，1991年）、中山太郎的《挑战禁忌的民俗学——中山太郎土俗学随笔集成》（河出书房新社，2007年）等研究。民俗学丝毫没有容忍犯罪之意，只是因为民俗学肩负着研究"人"的职责，所以哪怕是犯罪，也须直面这一问题，并进行调查研究。

第三章　劳动者之俗（vernacular）

那时，离我家最近的车站，是根岸线的山手站，站里开往大船方向一侧的站台尽头，有一个"池塘"。

池塘大约一坪大小，正中竖立着十字形的白色小柱子（在工厂等处可以看到写着"安全第一"的十字柱，这个白色小柱子可谓那些十字柱的迷你版）。柱子上用黑色油漆笔写上了"心意气"三个汉字，并标注了"kokoroike"的读音。水里游着几尾金鱼，池塘旁还竖了块牌子，写着如下内容：这个池塘是职员为了祈祷铁路安全运行自愿建造的——昭和某年、山手站站长。

为了确认这个池塘如今的模样，几年前我去拜访了一下。结果发现车站本身已被进行了大幅的改造，池塘也已无踪迹可寻。

即使在网上搜索，也完全没有关于山手站"心意气"池塘的线索，所以无法给出更多的信息。不过，我查了一下类似的个案，找到了日本全国各地车站里许多类似的"池塘"。

2018年1月16日，共同通信社报道了山手线田端站里的池塘。在京滨东北线旁的这个池塘，长约240厘米，宽约100厘米，高约40厘米，被称作"观赏池"。

图7　田端站的观赏池，由"行走于车站和车站建筑物的写真馆"的博客提供

大约在1970年，车站工作人员小林滉（埼玉县鸿巢市人，接受采访时85岁）因为觉得朝向站台的墙垣下方过于昏暗，于是自费修建了这个池塘，以使视觉上感觉明亮一些。起初，他"在池塘中放入几尾鲤鱼，在池塘边修了假山，并种了蝴蝶花、兰花等花草，颇有情趣"。之后，池塘曾进行了改建，但是由于没有记录在车站的官方文件中，所以详情不明。

在这篇报道刊登两个月后，随着围墙修缮工程的开展，池塘被拆除，金鱼被移去了JR[1]的其他设施的池塘里。

佐贺县有田站（JR佐世保线）一号线站台里也有带有池塘的庭

1　JR是Japan Railways的简称，指日本铁路公司。其前身是日本国有铁道，后被分割民营化，现为以下七家铁路公司的合称：JR北海道、JR东日本、JR东海、JR西日本、JR四国、JR九州和一间铁路货运公司。JR线路贯穿整个日本本岛（冲绳是没有JR的）。——译者注

第三章 劳动者之俗（vernacular）

院。院子里有块纪念碑，上面有如下记载。

1964年（昭和三十九年）奥运会在东京举办。同年，国铁东海道新干线开通。10月1日，在万众瞩目下，该条线路正式开始运行。为了永久纪念这一辉煌的年月，特建此池塘。有田站全体工作人员在炎炎烈日下汗流浃背，耗费五十余日，终于在10月14日完工。兹将站长及全体员工的名字刻在碑上，作为永久纪念。愿此庭院成为车站职员的休憩之处和旅行者的慰藉之所。

朝日新闻社的信息杂志 *Marion* 的连载报道——《一个车站的传说》，于2014年11月11日刊登了《悄然铭记奥运会和新干线历史的有田站》一文，其中引述了枝国和夫先生（85岁）的回忆，他在有田站整整工作了40年。

他说："（因为奥运会的举办和新干线的开通），全日本上下热闹非凡，而有田站的景观显得有些煞风景，所以对庭院情有独钟的车站工作人员决心对车站进行改造，他们成为修建工作的主力军。而车站前的出租车公司及附近的人士也参与了该项工作。"

从枝国先生的话中不难看出，该庭院是由车站工作人员和近邻们共同自发修建的。

网络上有一个名为"行走于车站和车站建筑物的写真馆"的博

客，上面登载了很多关于日本全国各铁路站点的照片和评论。[1]据说这个博客的博主，迄今为止在近100个车站里目睹了带池塘的庭院的存在。博客中约有30个车站被辅以照片进行介绍，因而可以了解到各车站修建池塘的时间。大分县石原町站的池塘是1973年修建的，三重县拓植站的是1974年修建的（里面立着一块名为"安全之泉"的碑），山口县宇部新川站的则是1968年建造的。

另据博主所说，这类庭院中的池塘大多已干涸，或者已被拆除得无影无踪（例如，长崎县早岐站的池塘是在2014年、爱知县的东上站的池塘是在2006年被拆除的，均是在车站改建的时候）。

以上，我们介绍了车站里带池塘的庭院。令人饶有兴味的是，在车站这一官方的、规格化的空间中，形成了与之相对的私密（非官方）的、俗化的空间。

这些带池塘的庭院，并非在建造车站时有计划地修建的，而是由志愿者们——车站工作人员，出于某种"赏玩"的心理打造的。他们的"赏玩"之举，创造性地表现出"希望铁路安全运行，希望乘客享受车站的风景"的想法。乘客们也观赏、享受着车站工作人员"赏玩"的成果——带池塘的庭院。可以说，庭院完全融入了车站的风景之中。

如上所述，此类带池塘的庭院，如今大多已成为过去。在现代，已经很难在正式的空间中找到充满手工制作感的非正式空间。

---

[1] https://www.railwaystation.jp/. 2020年8月1日阅览。

然而，很多人的寂寞哀伤之情也因此油然而生。

段四郎大明神

我还想介绍德岛县的一个带池塘的庭院，此庭院里设有祭神的祠堂。庭院位于JR高德线和鸣门线的池谷站。在池谷站的这个庭院里，有一个石祠，供奉着一个名叫"段四郎大明神"的狸猫。祠堂旁边竖有告示牌，上面写道：

据说从车站建成时起，就接二连三地发生不祥的事情，于是众人开始祭祀。相传这个地方原本住着一只名叫"段四郎"的狸猫首领，由于新建的车站而被夺去了住所，所以作祟于人，并传神谕说，如果祭祀自己，便会交通安全、家人平安、生意兴隆，故而为其修此祠堂。

阿波狸猫赞助会

池谷站自1916年（大正五年）开始运行，起初车站并不在现今的地址。后于1923年（大正十二年）2月15日搬迁至现址，但移址4天后，满载着去坂东町的大麻比古神社参拜的乘客的列车，在车站内脱轨翻倒，造成5人死亡、9人负伤。

这起事件，是上文神祠由来介绍中所说的"不祥之事"之一。当诸如此类的不祥之事连续发生时，人们常常会向通灵者询问灾祸的原因及应对的方法，池谷站的人或许也是如此。而通灵人代传的神谕指出"是被夺走住处的狸猫首领在作祟，把其当作神来祭祀便可"。

但为何是狸猫呢？德岛县有很多关于狸猫的民间传说。事实上，县内四处均有狸猫栖居。狸猫和人类的关联颇深，人们常常为狸猫所惑。[1]而且，狸猫们有各自的生活圈，人们相信有一位狸猫首领统领着它们。

"修建铁路、开发自然的行为，是对狸猫世界的一种侵犯。它们一定会很生气。"如果人们共享了这种想法，那么通灵者便会将事故原因归结为狸猫作祟，而普通居民听闻之后也会欣然接受，认为"这是极有可能发生的事"。不仅如此，在日本，"对作祟之怪进行祭祀，它就会变成神，保佑众人"的观念也被广泛认同（民俗学的研究表明，这种想法存在于日本各地）。如此，诞生了池谷站的"段四郎大明神"，人们为祭祀它修建了祠堂，而庭院则成为其管辖范围所在。

特快列车"鸽子号"和青叶庄

在1964年东海道新干线通车之前，连接东京和大阪的列车是

---

[1] 或许有人会问，被狸猫魅惑的传说是真的吗？现在，已经几乎没有人会为狐狸、狸猫所惑，但过去有不少人曾有过被狐狸和狸猫迷惑的幻觉体验。这些幻觉是"每个人都有可能体验到的心意现象，人们在遇到与一天天重复着的日常生活不同的异常事件或倍感疲劳、遭遇冲击时，均会有此体验"。（吉本隆明：《共同幻想论》，河出书房新社，1968年）然而，有过类似幻觉体验的人，在二战后日本经济高速增长之后，急剧减少了。（内山节：《日本人为何不再会为狐狸所惑？》，讲谈社，2007年）。

第三章　劳动者之俗（vernacular）

"回声号"。"回声号"是"在来线"[1]的特急电车，单程大约需要七个小时。而在"回声号"之前，也就是 1960 年以前，连接两地的是名叫"鸽子号""燕子号"的特快列车，需花费七小时三十分。

其中，从大阪开往东京的上行列车"特快列车鸽子号 4 号车"上，有个流传了长达十年的传说。原国铁职员、曾担任该列车的列车长，现为作家的檀上完尔将其记录了下来（《国铁青春日记——昭和时代列车长的"人情"故事》，天梦人，2017 年）。

据说，该列车从京都站发车，在 12 点 51 分 30 秒时途经高槻站和山崎站之间，这时，原本以时速 70 公里的速度行驶的列车，会减速到 60 公里，且司机必定会长鸣警笛，乘务员们则会打开窗户向窗外挥手致意，而车窗对面的结核病疗养所里的患者和职员们也会挥手回应。这样的互动每天重复上演着。

之所以这么做，缘于餐车里一位女收银员的发现。某日列车途经高槻站和山崎站之间时，她看见有人朝着列车挥手。起初她觉得，可能恰巧对方有熟人在这辆列车上，所以没有多想，可之后她当值时发现又是同一个人在挥手。而且，那个人身处涂了白色油漆的木制建筑里，建筑旁竖着一个写有"青叶庄"的木板牌。女收银员得知那里是疗养所后，情不自禁地隔着窗户挥了挥手。

从那以后，这位女收银员只要经过该地就一定会挥挥手，而且不知不觉间其他乘务员也开始跟着挥手。之后，疗养院里挥手的患

---

[1] "在来线"是日本铁路用语，意指新干线以外的所有铁道路线。——译者注

者也增多了，这件事还上了报纸。

对于列车行驶过程中的这一即兴行为，国铁上层部门的领导颇感苦恼。但 1953 年，天皇通过阅读报纸得知了这一习惯，他也从列车车窗远眺疗养所，并吟咏了一首"窗外繁花锦簇，奈何山崎院中人，却无赏花之兴"的和歌，和歌一经发表，这一习惯也就顺理成章地被公然认可了。

"专务列车长、列车服务员、餐车女服务员、'鸽子号'女乘务员等等，他们虽然身穿不同的制服，但大家都怀着同样的心情向青叶庄挥手致意"。这个习惯"无论刮风还是下雨，每天都不断重复着"。

再看"铁路旁的青叶庄，那些被允许步行的患者聚集在院子里；不被允许外出的患者待在阳台上；而不能起床的患者则只能一手拿着镜子照向窗外，他们朝着一瞬间化作黑色旋风疾驰而过的特快列车'鸽子号'挥手回应"。

这个故事甚至被收录进 1955 年的小学国语教科书里，题为"铁路的友情"，但在 1960 年，特快列车"鸽子号"被停运，取而代之的特快列车"回声号"的时刻表与患者们的午休时间不一致，所以这个习惯也因而中断了。

餐车女收银员在工作中不经意开始的小小举动，逐渐波及了周围的人并被反复执行。虽然国铁上层人士对于这种不断扩大的习惯感到苦恼，但由于天皇的介入，却令其意外地被默许，甚至还被刊登在国语教科书上。这个事例体现出在某个个体身边偶然诞生的习惯（vernacular）被不断加以扩展推广的过程，而这个过程甚是有趣。

卖票阿姨

1978年的夏天，我还是一名家住关东的小学生，第一次去关西旅行了一趟。至今仍令我记忆犹新的是，当时我在地铁御堂筋线梅田站的自动售票机前方，没有从售票机上，而是从站着卖票的阿姨那儿买了张地铁票。那里约有五位阿姨。因为在东京和横滨的车站里没有卖票阿姨，所以这件事让我印象极为深刻。

当时联票可以撕开一张张使用，这些阿姨买入一套共十一张的联票（只需十张的价格），再把联票分别卖给十一个人，赚取一张票的差价利润。（之后，国铁和私铁为了防止联票的再销售，改变了规定，若联票单张撕下便无法乘车。）阿姨们的这个想法，可谓现在的"金券店"[1]的雏形。

共同通信社2010年9月12日的题为《"当年"大阪地铁站的售票模式——联票零散出售》的报道中，图文并茂地进行了如下解说。

1967年（昭和四十二年）9月12日，大阪市内的地铁站和电车车站里，有一些把联票单卖的阿姨们。虽然有很多人为了避开拥挤的窗口而选择在阿姨手中购买车票，但她们每天的收益十分有

1　金券店指优惠出售各类公共交通工具的车票，甚至演唱会或观光景点的入场券的专门商店。——译者注

限。自大阪世博会起，这种景象急剧减少了。

我从阿姨手中买票是在1978年，距上文的记载已有11年。上文说从大阪世博会时开始，这种景象骤减，可见我的经历位于这种现象的衰退期。

除了梅田站以外，其他车站也有卖票的阿姨。生于大阪、长于大阪的民俗学者田野登指出，距今60年前，野田阪神站（阪神电车野田站）里有卖票的阿姨。立命馆大学教授、民俗学者中西仁也指出，距今40年前，在京都京阪三条站前的市公交车站也有卖联票的阿姨。

此外，在二战前的福冈市，也有售票阿姨（或大叔）。《博多春秋》1930年10月号的新闻报道显示，博多市内约有二十名"售票员"在售卖市内的电车票。不仅有女性，也有男性。文中写道"这些卖票大叔，把东中洲的民众俱乐部旁作为自己的地盘，天天出现在那里。他们搭起三宝台[1]般的小台子，盘腿坐在台子前的水泥地上"。[2]

一边是官方销售车票的官方制度，另一边则是这种非正式的小买卖。这种利用联票制度赚取差价的精明的商业精神令人佩服。虽然我们现在已无法得知那些转卖车票的阿姨、站着卖票的售票员们背后有着怎样的生活，但不难想象，这是他们为了生存下去而积累

---

[1] 祭祀的神台。——译者注
[2] 那时的售票员通常是站着售票的，但这篇报道里的大叔们是坐着的。——译者注

的生活智慧，可谓一种生存战术的习俗（vernacular）。

4. 自来水管道工人的习俗

我有一门本科三年级的研讨课，名为"现代民俗学"。每年，我都会带学生去日本各地进行四晚五日的民俗学田野调查。调查地会选择一些偏远的小城市，学生骑自行车就能去往城市各处。至今为止，我们已去过小樽市、室兰市、富山市、长崎市、宫古岛市、四万十市、八幡浜市等。

学生们分别以彰显该城市特色的习俗为题，进行观察和采访调查。

2010年在小樽市开展调查时，有位学生把自来水公司的技术人员创造并传承的习俗作为了主题。在寒冷的北海道，频繁出现自来水管冻结而引发的漏水现象。自来水公司里，有一批一线工作的熟练技术人员，他们发挥着名副其实的"工匠技艺"，守护着城市的自来水管道。那位学生对此颇有兴趣，拜访了小樽市的自来水公司，经由公司职员引荐，采访了曾在自来水公司任职的中村常男先生（生于1940年），详细地询问了相关情况。

调查劳动者之俗（vernacular）时，观察工作现场、听取现役工作人员的意见自然十分重要，但同时，也存在另一种有效的调查方法，即采访长期从事这项工作、现已退休的员工，从他们那里听取丰富的经验。

该名学生收集到的信息如下（高佑太《自来水公司的记忆——小樽的"自来水数数歌"》，2010年度关西学院大学岛村恭则研究室社会调查实习报告书）。

小樽的自来水管道工人技艺高超，能够熟练完成修复冻结破损的水管等艰巨任务，技术水平全国闻名，大家都说"自来水管的问题，尽可向小樽的工人们请教"。

进行漏水检查时，工人们会先决定修理时间和区域，并在空地上搭建作为活动据点的简易小屋，工作期间一直住在那里。他们的工作在夜深人静之时才开始，工人们能敏锐地捕捉到"叮——""咻——"等独特的金属声，以此找寻漏水的水管。一旦发现异常，他们便锁定漏水处。在没有机器的时代，他们用鹤嘴锄和铁锹进行挖掘，直至看见水管。冬季路面结冰，比混凝土还硬，他们便烧了开水浇在冰上后再进行作业。

此外，自来水公司的水管修理工作实行24小时待命制，接到漏水通报后，工作人员立即赶往现场。二战后不久修建的那些水管，由于当时资源不足，所以硬度不够，且由于小樽市的地形特征，水压较高，所以到了冬季，到处都会出现水管爆裂现象。修理时，他们会溶解一种堵漏水泥来堵住水流，然而，要使高水压的水停住极为不易。且修理完一处，别处又破裂了，所以他们得马不停蹄地四处奔波。

第三章 劳动者之俗（vernacular）

因此，自来水公司的技术人员几乎无法参加孩子的运动会[1]，新年的假期也基本不能休息。一年中能守在公司里的只有课长，其余人都要奔赴现场。

忙碌了一天后，大家会一起去喝一杯。喝了酒心情愉悦，便开始唱起歌来。他们唱的是"自来水数数歌"。

这首歌是1963年由中村和小樽市自来水公司原负责人斋藤忍创作的，他们根据当时世间广为流传的"某某数数歌"的旋律，重新填写了歌词。原本是为了在同事结婚喜宴时表演而设计的节目，后来在职场的宴会上，大家也会一起合唱这首歌。

自来水数数歌

一，夜深人静时，修复漏水的水管工，你辛苦了，辛苦了！

二，风雪天、下雨天、刮风天，努力工作的水管工，你辛苦了，辛苦了！

三，越看越觉得好的男人，要嫁就嫁水管工，你真行，真行！

四，深夜里猛然惊醒，听闻水管破裂心焦不已的水管工，你辛苦了，辛苦了！

五，总是笑眯眯，待人亲切的水管工，你真行，真行！

六，任务艰巨，却微笑面对的水管工，你真行，真行！

七，花了好几年才铺好的路啊，你给挖开了，你真行，真行！

---

1 在日本，有父母参加孩子运动会的习俗。——译者注

八，无论多么窘迫，我们都是保护市民的水管工，你真行，真行！

九，故障，故障，又是故障，电话铃响个不停，忙得团团转的水管工，你辛苦了，辛苦了！

十，守护珍贵的生命，是我们水管工的职责，你真行，真行！

末了，尾张名古屋[1]需要城墙来防护，小樽的自来水管道就让我们来守护，你真行，真行！

自来水管道工是拥有独特技能的工匠集团。这首重新填词的数数歌，源于他们平凡的日常生活。歌中歌颂着工作现场每天的辛劳和匠人的尊严。这首歌采用同谱换词的形式，创造性地表现出水管工的世界，真乃独具匠心之作。

5. 法官也有自己的习俗

法官与口头传承

法官平时都在想些什么，过着怎样的生活，局外人恐怕完全无法想象。但法官中也有例外，有位先生把自己的日常生活写成了书。

他是东京高等法院的现任法官（截至2019年）冈口基一，在其

---

[1] 名古屋在江户时代为尾张藩。——译者注

第三章　劳动者之俗（vernacular）

著作《法官素质下降了吗》（羽鸟书店，2019年）中，他记述了自己的成长经历、25年的法官生涯（从司法实习生时代、初任法官至今），以及基于自身体验给出的法官的相关信息。

其中，他特别强调了前辈法官和后辈法官之间非正式的交流，尤其是"酒桌交流"的重要性。

法院里存在口头传承，即前辈通过口头的方式将"智慧"传给后辈。传承基于职场内部包括酒桌交流在内的密切的人际交往（下略）。

（前略）年末的最后一天工作日，每家法院都会在中午12点举办酒会。一开始是在所属部门内喝，不一会儿便去到其他部门，喝到下午5点下班时间，再去外面喝到夜里11点左右。所以我曾醉到失去记忆。

除此之外，法院还会时不时找些理由举办酒会。比如重大案件的判决之日会举行庆功宴等。

（引自《法官素质下降了吗》）

近年来情况似乎发生了变化，但不难看出，在冈口还是年轻法官的时候，法院里这种"酒桌交流"非常盛行。"酒桌交流"时，常出现关于某位个性鲜明的同事的笑话，以及与工作相关的话题。

前辈法官对后辈法官起草的判决书的表述和结构进行评论，告诉他们在司法实习所学习的书本内容与实际审判时的实践内容有何

87

不同。而且，前辈们还会饱含深情地讲述司法的本质及作用，这些在教科书和指南里绝无记载。

冈口先生认为，这些非正式的交流，乃是前辈与后辈间关于工作智慧的口头传承。

此类口头传承在白天的工作场所中也很常见。例如，由司法实习所发行的参考书，平日里被法官们视为"圣经"。但相对这本"圣经"，法官们在工作中更依赖口头传承的"默认知识"："虽然不能公然否定这本"圣经"的权威，但事实上，由于是多人执笔，有些执笔者撰写的部分值得信赖，有些则不可全信，所以不能完全按照参考书的模式进行审判。"

"酒桌交流"和"口头传承"是法官们非正式的交流活动，也就是我所说的"俗"（vernacular）。从这个意义上看，法官也有自己的习俗。

"传承"与民俗学

冈口所说的"口头传承"，其实是民俗学中的常用概念。我想借此谈谈我对于"传承"的看法。

在民俗学中，把人与人之间，特别是代际非文字记录的知识、经验等的传达、继承称为"口头传承"，或省略"口头"二字，简称"传承"。同时，与"民间传承"一样，它也指代传达、继承的内容。

传统民俗学研究，非常重视"口头传承""民间传承"，把它们作为自己的研究对象，这是因为，在"口头传承""民间传承"中，包含了许多民俗学所追求的反霸权主义、反启蒙主义、反普遍主义、反主流和中心，以及非正式的事物。

有些民俗学者因而试图将民俗学的研究对象限定为"传承"之物，但我却反对这种做法。

在我看来，为了实现民俗学的学科目标，应将"俗"作为研究对象。所谓"俗"，包含下述四重含义中的某一个，或是它们的任意组合。这四重含义分别是：(1)与支配性权力相左的事物；(2)无法完全用启蒙主义之理性来解释的事物；(3)与"普遍""主流""中心"的立场相悖的事物；(4)与正式制度保持一定距离的事物。所以，只要具备上述特性，不论其是否是"传承"之物，都可被视作"俗"。

本书所列举的各类习俗（vernacular）中，确实有不少是"传承"至今的。但同时，也有不少案例缺乏"传承"之要素。而这两类案例，都是民俗学重要的研究对象。

6. OL的抵抗

办公室里也充满习俗。

小笠原祐子《OL们的抵抗——工薪族与OL的角力游戏》（中央公论新社，1998年）一书，从社会学，尤其是社会性别理论和组织论的角度，探讨了"一般职"[1]女性职员的劳动环境。书中详细描述了OL（此处指"一般职"女性职员）们的工作生态，其中不乏从民俗学视角看属于"俗"（vernacular）的现象。下面举几个例子。

首先是"八卦"。OL们频繁地交流着有关男性职员的传闻。

比如有位男性把自己养的猫的照片放在钱包里随身携带，某位上司的女儿修学旅行去了澳大利亚，等等。如果交流的是关于女性职员的传言，可能会导致同性之间的严重对立，但关于男性职员的"八卦"，却是OL中谁都能参与的安全而简单的娱乐方式，是让自己一天都心情愉悦的润滑剂。

"猫的照片""女儿的海外旅行"等内容的"八卦"倒是没什么害处，但若是关于男性职员不擅长工作、不够灵活的"八卦"，则会给该名员工的工作带来阻碍，对其业绩评价造成负面影响。从中我们可以看出，"八卦"这一非正式交流渠道，对于工作和评价这一公共（正式）领域间接发挥着巨大的作用。

第二个例子是情人节送的巧克力。比如，某个科室的六位女性职员都不喜欢科长，她们每人给除科长外的男性职员送一盒巧克力，科长则是三个人合送一盒巧克力。也就是说，科长以外的男性得到了六盒巧克力，但科长只得到了两盒。不过，送给科长的巧克力单价较高，科长与男性职员收到的巧克力总价相当。科长不明就里，还挺高兴。其实女性职员们的心里话是："情人节看的是巧克

---

[1] 与企业核心的"综合职"相对，表示支援"综合职"的各类辅助性工作。——译者注

力的数量(评判人气的标准)。"通过这种巧妙的安排,她们发泄了平日里积聚的郁闷。

除此之外,还有其他一些类似的做法,比如"给不喜欢的男性送巧克力会比其他男性晚很多,即所谓的'时差攻击',故意拖延时间";"不给讨厌的上司送巧克力有点无趣,所以送还是照样送,但会用手指在包装盒上按压,把包装弄得凹凸不平,并把里面的巧克力弄碎后再送";等等。

第三是被称作"OL的抵抗"的行为。"作为OL工作几年后,逐渐明白了如何做可以讨项目负责人(男性)的欢心,但如果讨厌那个人,便不会取悦他,仅完成被拜托的工作即可";或是即使发现了负责人的错误和疏漏之处,由于讨厌,所以故意装作没看见,放任不管。这些就是OL的抵抗行为。

分析了上述"八卦"、情人节的巧克力、抵抗行为的事例后,作者小笠原如此阐释:企业社会中男性员工优势明显,在这种不平等的权力结构下,OL们虽然能力有限,但能灵活运用所谓弱者的战术,展现自我。

虽能力有限,但OL对组织中人际关系的影响力比表面上看到的要大得多。可以说,男性的公共权力与女性非正式的手段,好似硬币的正反面。无论是多么有利的立场,都存在因为有利而产生的局限;而无论怎样不利的立场,都存在利用不利条件找到有利机会的可能性。

(引自《OL们的抵抗——工薪族与OL的角力游戏》)

在上述引文中,"公共权力"与"非正式的手段"形成了鲜明的对比。很明显,后者相当于我所说的"俗"(vernacular)。而且,小笠原的观点不仅限于办公室,还适用于世上各式各样的习俗(vernacular)。

以上,我们讨论了工作现场的"俗"。世上有很多种工作,每项工作均由一个个鲜活的个体承担。然而,在高度发达的社会体系中,我们很难对每一项工作都有真切的感受。而且,作为消费者的我们,往往只关注物品和服务的部分,却容易忘记制造、搬运、销售的过程,以及与这一过程息息相关的鲜活的人们。被消费主义洗脑、对工作人员缺乏想象力的人们,会忘却那些活生生的个体,从而对工作人员抱有偏见,甚至故意为难他们,给他们难堪。

在正式的工作制度和系统中,诞生了非正式的"俗",表达出了工作人员们的真实想法。了解这些习俗,可以激发我们对工作人员的想象力,加深对他们的理解。

专栏①

俗时间

年轻的时候,我曾去冲绳做田野调查。那段时间没日没夜地埋头于实地考察,与当地人结下了深厚的友谊。于是,经常被关系亲密的当地友人邀请去小酒馆喝酒。在集合时间上,常常是这样

第三章 劳动者之俗（vernacular）

一个模式：约好的是晚上七点，但大家实际到达的时间却都是八点左右。冲绳的人们称之为"冲绳时间"。与此相对，冲绳人在上班、上学时都恪守规定时间，在学校及职场并没有随意迟到的现象。

冲绳人的"冲绳时间"也包括比预定时间"提前"的情况。以前，专供住在离岛[1]上的人使用的渡船，有时会比预定时间早几分钟起航。（比如，在宫古岛狩俣和池间岛之间的大桥架设之前，经常能见到连接狩俣和池间的小船提前开船的情形）应该是开船人对乘坐者的情况心中有数，所以等坐船的人一到齐便开船了，而非按开船时刻表的时间起航。从上述事例可以看出，"冲绳时间"绝不是等于"没有时间观念"。所谓"冲绳时间"，是指"根据情况灵活提前或延后的弹性时间"。

为了告诉大家"时间"除了"规范性时间"之外，还有与之不同的"俗（vernacular）时间"，我在民俗学课上经常讲述"冲绳时间"的个案。于是，时常有学生受到启发，来告诉我他们的家乡也有类似的情况。比如，"鹿儿岛时间"、"长崎时间"、"博多时间"、"仙台时间"，还有"猿岛时间"（"猿岛"指茨城县旧猿岛郡猿岛町）等等。据学生的介绍，这些时间都含有"在自己所在的地区，比约定时间迟到 30 分钟至 60 分钟是在允许范围内"的意味。

如上所述，地名和时间组合在一起的"XX 时间"，看起来似乎只是在那个地区特有的现象。但事实上，"规范性时间"（钟表时

---

[1] 离岛是指日本除北海道、本州、四国、九州之外的岛屿。——译者注

间），也就是在学校、政府、公司、铁路等公共机构应遵守的时间观念，在社会上普及开来是在明治时代（1868—1912）以后，而在明治时代之前，日本各地的人们基本都奉行"俗时间"，即"根据情况灵活提前或延后的弹性时间"。所以，我们应该这样理解："XX时间"的称谓是过去的地方性"俗时间"在现代的留存，或者说是人们主动给这种"俗时间"赋予存在意义的一种表现方式。

经常有人说，"铁路交通"在将"规范性时间"渗透到人们的认知中起到了巨大的作用。尤其是在日本，铁路因为严格遵守时间而闻名世界。只是，在日本的铁路中，也会出现一些按"俗时间"观念运行的线路。

连接大阪和和歌山的JR阪和线就是其中的一个例子。阪和线因经常晚点而出名，而关于晚点原因，存在各种各样的故事。一位乘坐阪和线的学生写了一份非常有趣的调查报告，在此介绍一下。

我平时一直乘坐JR阪和线。阪和线对于住在南大阪的人们来说，是相当于生命线的一条线路，但我想很多人说起阪和线，都有这样一个印象——就是它会晚点。

我周围的阪和线乘客提到阪和线时的暗语是"下雨会晚点，刮风会晚点，天气晴好会晚点"。如果自己有无论如何都不能迟到的事，就必须设想电车会晚点30分钟而提前出门。有一次，因为电车晚点我打工迟到了，店里的长者宽慰我说："是坐的阪和线吧？那你迟到是情有可原的。"所以说阪和线经常晚点这一事实，已经

第三章 劳动者之俗（vernacular）

是超越了年龄层的一个共识。

经常被作为列车晚点理由的有：发车时刻表排得过满、有人"横穿"铁路道口等。但由于一直都存在晚点现象，运营方有时也会找一些奇怪的理由。比如下面这些理由，就不知道到底是真的还是假的了。

"有被子飘落到了铁轨内。"

"有一只柴犬在铁轨内停留。"

"电车司机不在。"

"（因为同方向行驶的）南海电车拒绝让道（应该不可能有这样的事吧）。"

谈论这些"荒唐"的列车晚点理由，是阪和线乘客的一大乐趣。

我总觉得，对这样经常晚点的阪和线，乘客们在流露出不满的同时，也带有对阪和线的留恋和喜爱。每当阪和线一有晚点情况发生，大家便会在网上纷纷发帖埋怨："又是阪和线啊！"但从这句话中也能感受到他们对阪和线的热爱。

热爱着阪和线的人们，在讲述晚点的理由，以及"行驶途中挽回了几分钟"时，大多会有一些夸张，他们像讲述自己的经历一样，编出一个故事来。而且，不管这个故事是否属实，都会传播开来。希望阪和线今后依然是受很多人喜爱的线路。

（高滨依世：《受欢迎的JR阪和线》，2017年度关西学院大学"现代民俗学"课程报告）

可见，乘客们以各种形式将"晚点"的时间故事化，并用这种方式来接纳"晚点"的事实。对于阪和线的乘客来说，阪和线的"晚点"时间是作为一种"俗时间"被接受的。这种"俗时间"甚至让乘客对这条线路产生了感情。

希望大家能够意识到，在社会行为中，"规范性时间"是必不可少的，但同时，对于人们的生活而言，"俗时间"也有着重要的意义。

第二部分

地区与全球

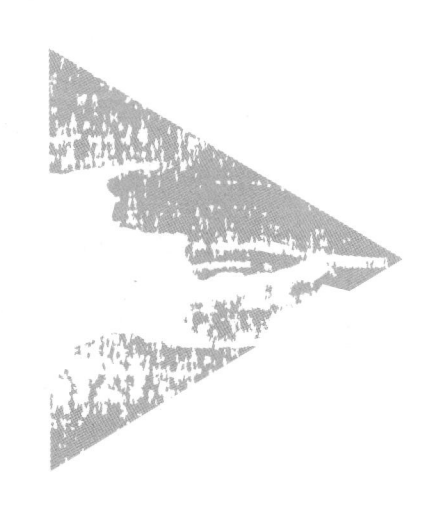

第四章　咖啡店"优惠早餐"习俗之谜

在日本，从中京圈到关西圈[1]，再到中国地区、四国地区[2]，以都市为中心，存在这样一种早餐习俗——人们不在自己家中，而是在附近的咖啡店品尝优惠早餐（"Morning"）。上班族在上班前去咖啡店享受超值的早餐优惠服务（morning service）或早餐套餐（morning set）的行为[3]，在日本全国范围内广泛可见。但本章所说的品尝优惠早餐，不仅限于上班族，而是指普通大众在咖啡店享用优惠早餐的

---

[1] 日本的首都圈、中京圈、关西圈被合称为日本三大经济圈。中京圈指以名古屋为中心的都市圈，名古屋市介于首都东京和古都京都之间，故有"中京"之称。关西圈指以大阪为核心的京都—大阪—神户（京阪神）圈。——译者注
[2] 日本的中国地区位于日本本州的西部，包括鸟取、岛根、冈山、广岛、山口五个县；四国地区即四国岛，包括德岛、香川、爱媛、高知四个县。——译者注
[3] "早餐服务"和"早餐套餐"存在一定区别。早餐服务是以一杯普通咖啡的价格免费提供面包和其他食品，而早餐套餐则是在一杯咖啡的价格加上面包和其他食品的价格来收取套餐费用。不过，在提供早餐套餐时，也有些店使用了"早餐服务"一词，意思是将其他料理的费用设定得极低，最后以低廉的价格提供早餐套餐。这两个用语的含义因店而异。

习惯，这里的普通大众包括了不同年龄、不同性别、不同立场的人。人们在咖啡店吃早餐，不只是单纯地用餐，这一行为还具有社会层面及文化层面的意义。

让我们一起来看看都市习俗之一的优惠早餐的世界吧[1]。

图8 提供优惠早餐的咖啡店（尼崎市）

1. 日本各地的优惠早餐

爱知县丰桥市

日本爱知县的丰桥市是盛行优惠早餐的城市之一。大约在上午7点（最晚到7点30分），市内的咖啡店都会开始营业。店门一开便有客人蜂拥而至。开店前，已经有很多老人在门口等候。过了8点客人更多。从早晨打开店门到中午11点，是店家提供优惠早餐

---

[1] 本章介绍的是在2000年左右作者对这个主题进行实地调查的情况。

第四章 咖啡店"优惠早餐"习俗之谜

的时间段。在这个时间段，通常客人只须付一杯咖啡的钱，就可以得到店家免费提供的吐司、沙拉和煮鸡蛋。一杯咖啡的价格大致为350日元到370日元（100日元大致相当于6元人民币）。如果客人在这个时间段只点咖啡的话，店员一定会问一句"要加早餐吗？"不过，如果是当地住在附近的常客，只要在店里坐下，即使什么也不点，店家也会习惯性地给他提供早餐优惠服务。

在以名古屋为中心的中京圈区域内（包括丰桥在内），这种咖啡店的早餐优惠服务十分盛行。当地人很多时候会仔细研究每家店的优惠早餐的菜单，根据店家提供的优惠早餐的内容来选择去哪家店吃早餐。因此，咖啡店的早餐优惠服务竞争越来越激烈，为博取人气，店家会想方设法提升自家店的竞争力。例如，有的店会把优惠早餐菜单中的吐司换成三明治，有的店会加送一杯酸奶，有的店则在免费提供的吐司、沙拉、煮鸡蛋套餐之外加赠一份味噌汤。有的店还会推出可以付费购买的超值"豪华套餐"（包含热狗、培根、炒蛋、沙拉、酸奶，售价仅500日元）以及超值"自助式早餐"（自助菜单为咖啡、红茶、各种果汁、三明治、各种沙拉、煎鸡蛋、炒蛋、炸薯条、香肠、培根、粥、杂烩饭、意大利面等，售价仅480日元）。另外，在早餐优惠服务时段点咖啡的话，一杯咖啡的价格要比其他时段便宜30日元左右，从这个意义上来说，晨间时段的咖啡本身也含有店家给予的优惠。

来店吃早餐的客人中，男女老少皆有，他们的身份、职业也是各种各样。有的人是独自一人，手里拿着店里常备的体育报，一边看报吃面包，一边和店主及店员聊天；有的人是两人结伴而来，他们或是夫妇，或是附近的两位主妇；有的人三五成群围坐在一起，看上去好像是工作单位的同事，或是附近的主妇，抑或是附近商店的老板，等。

这些人大都是常客，所以座位一般相对固定。他们平时大多坐在自己常坐的座位上。但当他们中某个人的固定位置被偶尔来店的客人占用时，被占位的人就只好换个位置，而这样的换位又有可能占用了其他常客的固定位置。这时，常客们的位置会因连锁反应发生比较大的变动。

常客们通常用存放在收银台的咖啡券（事先买好的次数券）来支付当次消费。店员在将早餐送到客人的桌子上时，会撕掉一张券来扣减当次费用。因此，当客人们吃完饭离开时，无须在收银台停留付费，可以径直走出店门。

据常客们说："我们每天都以咖啡店的晨间优惠餐为早餐。不在家里用餐是因为已经习惯了。不过，仔细想想的话，真正的原因也许是因为平时比较忙，而准备早饭又很麻烦，或者是因为一边吃早饭，一边和街坊邻居以及店里的人一起聊天是一件很愉快的事。"

每到星期六和星期天，会见到很多一家子来吃优惠早餐的人们。他们说，"平时在家里都是妈妈给我们做早饭，难得的休息日，还是想让妈妈轻松一点，就不让妈妈做早饭了，所以大家一起来咖啡店吃早饭。还有一个理由是，周末爸爸在家，让爸爸开车带我们去郊外的咖啡店也很方便"。休息日爸爸带着一家子在咖啡店吃的

第四章 咖啡店"优惠早餐"习俗之谜

早餐,大多是兼作午餐的晚早餐。饭后,一家人一般会顺便去郊外的大型购物中心购物。这种过周末的方式,已经成为该地区人们的一种休假模式。

以上是根据我的田野调查所做的记录。不过,在互联网上,也有网站介绍该地的早餐。比如,有一个名为"听一听吃惊,看一看大笑!丰桥的优惠早餐攻略"的个人运营网站[1],网页上写着:既然栃木县宇都宫市可以自称为"饺子城",那么丰桥市宣称自己为"优惠早餐之城"的话,应该也没有人会提出异议吧。以下为该网站发布的关于丰桥优惠早餐的介绍。

在爱知县,尤其是丰桥市,有许多咖啡店。商店街上自不必说,也有不少店面设在住宅区里或近郊菜地的一角。可能有人会担心"咖啡店开在这样人流稀少的地方,能经营得下去吗?"

我们来看一看工作日上午九点半时的咖啡店。店里人很多,有外出走访客户的公司职员;有把小店交给妻子照看的店主;有早上家务告一段落后聚在一起的主妇们;还有打完门球回来的老人们。

一到周末和节假日,店里更是人来人往。人们往往是一家老小一起来。看到从孙辈到爷爷辈的三代七口之家一起出现也绝不稀奇。父亲穿着运动衫、凉鞋;学龄前幼儿身着居家服,这就是外出的正式装扮了。大家来做什么呢?当然是来享用优惠早餐的。

1　www.toyo-ken.com/morningjijo.htm,2002 年 3 月 1 日阅览。

在丰桥当地的咖啡店，客人只需要买一杯咖啡，店家就会免费提供吐司面包、煮鸡蛋、沙拉，有时还会有酸奶。

当地人并不称之为早餐优惠服务（morning service）或早餐套餐(morning set)，而是简称为"Morning"。

在丰桥市流行这样一种说法，丰桥人认为丰桥是日本优惠早餐的发祥地。2008年4月6日的《中日新闻》上，刊登了一篇题为"原来如此，嗯嗯，我懂了呀，爱知（指地名的爱知县）博士"的报道，报道中有这样一句话：丰桥市民认为优惠早餐是从丰桥扩展到日本全国的，这是丰桥人的共识。这篇报道还介绍了爱知县咖啡环境卫生同业工会丰桥分会会长的发言，会长说："我觉得这一说法真实可靠。至少在咖啡店业界大家都这么说。"

根据该报道，在靠近丰桥站的松叶町，有一家名为"仔马"的咖啡店，这家咖啡店于1963年（昭和三十八年）开业。据说"仔马"在开业的一两年后，便开始提供优惠早餐。以"仔马"为发源地，优惠早餐在丰桥市、爱知县，以至日本全国范围内推广开来。据当时店主的妻子说："因为店铺位于车站前，所以上班之前来店的客人很多。其中，有客人希望我们提供些能填饱肚子的食物。于是，我们便从提供烤面包片开始提供优惠早餐。"至于优惠早餐出现的理由，上文提到的那位丰桥分会会长认为原因之一是"农业的发展，使得新鲜的蔬菜和水果变得容易采购了"。

关于优惠早餐发源于丰桥的这一说法，我在丰桥市做田野调查时也经常听到，但没有人说得出具体源于丰桥的哪家店。而且，据松叶町一家咖啡店的老板说，"我也听说过'仔马'是优惠早餐的始祖，但我们店在'仔马'开业前就已经开始提供优惠早餐了。而且，当时已有其他店铺在这样做了，我们店只是引进了别家店的做法。所以，我也不知道优惠早餐究竟源于哪一家店。之所以说'仔马'是提供优惠早餐的始祖，想必是因为那家店规模比较大，而且在丰桥市内也很有名吧"。

众说纷纭，也有说法认为优惠早餐的发祥地是其他城市而非丰桥市，所以很难推断其起源究竟在何处。

名古屋市

名古屋市也有早餐优惠服务。中泽天童在《不可思议的城市——名古屋篇》（PHP研究所，2000年）一书中，描述了名古屋人的生活文化特征。书中以"喝咖啡的习惯如此流行，喜欢咖啡店的名古屋人"为题，描述了名古屋人的咖啡店情结。

首次造访名古屋的人，首先会对咖啡店的数量之多感到惊讶。车站周边和繁华街自不必说，就连幽静的住宅区和郊外也不乏咖啡店的身影（中略）。店内的布局和东京等地的咖啡店并没有太大的区别。如果是工作日的下午的话，店里还比较安静，可以看到闲下来打瞌睡的营业员，以及几个洽谈业务的公司职员。而一到了早晨，景象就完全不一样了，店里会变得热闹非凡。

即便走进一家看起来很潇洒时尚的咖啡店，也会发现有老人们在里面热火朝天地聊天、喝茶，让人瞬间觉得似乎是来到了敬老俱乐部。名古屋的老人特别喜欢去咖啡店。他们有的刚打完门球回来还带着一身汗，有的则刚从医院就诊回来。店里因老人们的存在而热闹喧嚣。

到了节假日的早上，咖啡店里又是另一番景象。来店的客人以家庭为主，通常是一家子一起来吃早饭。仔细观察的话，有时也会发现有穿着睡衣或运动装（大部分是穿旧了的运动衫）前来的父亲。这种轻松随意的着装倾向越往郊外越发明显。很难想象这样的着装会出现在东京及其他地区的咖啡店里。（中略）

名古屋的咖啡店大多带有店内停车场，方便停车，人们可以在开车兜风时顺便过去吃个早餐。所以，对名古屋人来说，只要是心仪的店，即使有点远也能轻松前往，并成为店内的常客。因为有私家车这样方便的交通工具，所以完全不用在乎路程远近。

此外，网上有一个名为"尾张咖啡店情况介绍"的个人主页[1]，文中也有类似的表述："尾张地区的人都非常喜欢咖啡店。来尾张定居之前，我一直以为咖啡店是年轻人聚集的场所。但尾张却与别处不同。在这里，咖啡店是一个不论男女老少，所有人都会经常光顾的地方。这里的咖啡店，不是年轻人的约会之所，而是当地人的

---

1 www.i-chubun.ne.jp/emi/futagono/kissaten.html，2002 年 3 月 1 日阅览。

交流中介，去咖啡店已成为当地叔叔阿姨们的日常习惯。"

爱知县一宫市

一宫市也是个盛行提供优惠早餐的小城。该市为了将优惠早餐作为当地特色积极推销，组织成立了以一宫商工会议所为主体的"一宫优惠早餐服务协会"，协会举办了一系列活动，包括以一宫早餐优惠服务企划的名义，发行优惠早餐地图；举行优惠早餐点打卡比赛；召开一宫优惠早餐博览会；等。

在该协会制作的"一宫早餐优惠服务"官网上，有下述关于优惠早餐的介绍[1]。

一宫街上有很多咖啡店。特别是在早间的时间段，只需付饮料费（也有些店需要追加一点费用），就可以获得附带吐司、煮鸡蛋、沙拉等的超值"优惠早餐"。

在一宫，这样的"优惠早餐"起源于"咣当万元景气"（指纺织业界20世纪50年代的景气扩大现象，"把机器咣当开动起来就能赢得万元的利润"。——引用者注）的鼎盛时期。运营纺织业的"织布匠人"们，不分昼夜，都会频繁地光顾咖啡店。于是，善良的店主就开始在客人点咖啡时，赠送煮鸡蛋和花生作为晨间优惠。

半个世纪过去了，现在，星期天早上依然能经常看到一家人一

---

[1] https://ichinomiya-morning.com/?page_id=10，2020年8月28日阅览。

起去咖啡店吃早饭的情景。日本总务省在全国都道府县[1]内展开的家庭收支情况调查显示，平均每户每年在咖啡店的消费额（2006年到2008年间的数据），岐阜市排第一位，为14481日元，第二位是名古屋市，13547日元。虽然没有针对一宫市独立统计的数据，但不难推测，一宫市的咖啡店消费额一定名列前茅。另外，据2006年统计数据，一宫市有752家咖啡店。如果以全市人口38万人来计算的话，相当于每1万人就拥有20家左右的店，这种分布密度在全国是首屈一指的。

我们"一宫早餐优惠服务协会"认为，优惠早餐在我们一宫市不只是饮食店提供的一种服务，更是一种文化。这种由一宫人多年精心培育而成的早餐文化，在日本全国可谓凤毛麟角。

该协会还就优惠早餐的起源展开了调查，并在网站上登载了调查结果。内容如下[2]：

我们走访了市内所有的咖啡店，一家家询问关于优惠早餐的起源问题。

但是大家都说不准，给不出一个明确的答案。其中，二战前就

---

1 日本的行政区域是分为1都（东京都）、1道（北海道）、2府（京都府和大阪府）、43县。岐阜市是岐阜县县政厅所在地，名古屋市是爱知县的政府所在地。——译者注

2 https://ichinomiya-morning.com/?page_id=19，2020年8月28日阅览。

第四章 咖啡店"优惠早餐"习俗之谜

在本町开店的"马尔萨"的老板说:"我们店是在昭和三十年代(大约在20世纪50年代中期到50年代中期)前半期的时候就推出优惠早餐了。当时有别家店开始提供这样的优惠早餐,我们店也就跟着做了。"

我们还从旧尾西最古老的"圣保罗"店得到了一些更为确切的信息。

"圣保罗"咖啡店开业于1960年(昭和三十五年)。店主说"我们自开业起就开始提供优惠早餐了"。

当时客人点咖啡,店家并不是送烤面包片,而是赠送煮鸡蛋和花生。

"圣保罗"的店主还告诉我们,在"圣保罗"开店前的四年里,他一直在本町的"三乐"咖啡店工作。

他说:"在'三乐'工作时,已有别的店在提供优惠早餐,'三乐'是跟着做的。那是1956年(昭和三十一年)的事情。"

说到1956年,广岛市高之桥商店街上的"小憩巴西"咖啡店就是从这一年开始提供优惠早餐的。而"小憩巴西"又被认为是优惠早餐的发祥地。

一宫市在1956年时已然存在着优惠早餐。

如此说来,优惠早餐的起源是不是更早呢?

或许一宫最早提供优惠早餐的咖啡店,才是真正的优惠早餐的发源地。

于是,我们"一宫优惠早餐探险队"就此进行了调查,但是很遗憾，没有进一步的发现。

如果有人知道哪家店是一宫市最早提供优惠早餐的店，请一定要告知我们探险队哟！

关于早餐的起源有各种各样的可能性，很难有定论，这点下文还将述及。且先不论源头，但从调查报告中店家提供的线索来看，我们可以了解到，至少在1956年（昭和三十一年）时，一宫市的咖啡店里就已经在提供优惠早餐了。这份调查报告，可以说是一份追溯优惠早餐历史的宝贵资料。

接下来我们再来看看关西地区的情况。

大阪府东大阪市

大阪地区的咖啡店也盛行提供优惠早餐。例如，东大阪市的衣摺一带是长屋[1]、木造公寓、小作坊鳞次栉比的区域，可以称之为下町[2]（平民区），据说这一带从1964年（昭和三十九年）左右，就开始出现提供优惠早餐的咖啡店了。

一个普通家庭，通常在早晨7点30分左右，父亲便会带着孩子去附近的咖啡店吃早饭。吃完后，父亲去工厂上班，孩子去学校上学。然后，9点左右，母亲会来到咖啡店，和附近的主妇们一起边吃早饭，边享受闲聊杂谈的时光。一家子都在咖啡店解决早饭的

---

1 长屋指并排建的、共用墙壁的集合住宅。——译者注
2 下町指都市中的商业手工业者居住区。——译者注

情形在这一带很常见。不过，同时也存在另一种情况——如果爸爸对早餐的要求特别高，妈妈就得在家里做早餐，就不能去咖啡店享受优惠早餐了。但即使是那样的家庭，星期天也经常会全家一起去咖啡店吃早饭，因为父亲和孩子会想"至少星期天的早晨不要妈妈做早饭了，让妈妈轻松一下"。

大阪市生野区

大阪市生野区也是一个平民区，该地区主要的产业是制鞋、缝制箱包等。那里布满了小作坊和工人们生活居住的长屋住宅。在生野区，咖啡店随处可见。比如在小巷的拐角处，或住宅区的一角。咖啡店的旁边往往有什锦煎饼店。大部分的咖啡店都以接待住在附近的常客为主。每天上午到了 8 点左右，附近的人们就会陆陆续续地来到店里。男女老少都有，多是成年人。有的人每天都来；有的人每周会来几天；有的人只有星期天才来。有独自一个人来的，也有夫妻一起来的。来店的人都是在附近工作生活的熟面孔。

没有客人会只点一杯咖啡，他们点了咖啡必然会点优惠早餐。通常人们来到店里刚一坐下，就会有先到的熟人过来打招呼。相熟的人大多会坐到同一张桌子上。聊天从进店那刻起就开始了，话题包括工厂景气、棒球、亲戚和邻居的"八卦"、彼此的儿孙、医院和身体健康等等。因为大家经常见面，所以即便是不连贯的只言片语，也不妨碍彼此的沟通理解。也有些人一边翻看报纸，一边时不时地插插话。

吃完早饭后，人们会继续聊一会儿再离开。上班族的停留时间一般为15到20分钟，老年人则会待得久一点。店里有人离开，有人进来，络绎不绝，这样的情形会持续到上午9点半左右。

从日本经济高速增长期（1955—1972）到昭和末期（20世纪80年代），这里的人们都非常忙碌。在制鞋、缝制箱包等家庭作坊工作的工人，在经济最繁荣的时期，有时候即使从早上7点一直忙到次日凌晨的一两点，也无法完成工作任务。而且，由于按劳计酬、多劳多得，所以工人们即便辛苦一些也想尽可能多完成一些任务。于是，人们就不得不加倍珍惜时间，包括节省下在家里做早饭的时间。这也是优惠早餐盛行的原因之一。

在这个地区，不仅是早饭，人们的午饭和晚饭也常在外解决。有人会提前给熟识的店家打电话，让店家预先做好饭菜，以便自己一到店就能马上开吃。顺便说一下，生野区的什锦煎饼店的菜单品种很丰富，可见人们常常在什锦煎饼店吃晚饭。经营什锦煎饼的店越开越多，店家之间的竞争很激烈。

此外，生野区是日本屈指可数的在日朝鲜人（因日本的殖民统治，被迫从朝鲜半岛迁来日本的朝鲜人及其子孙）的集中居住地区。因此，来咖啡店吃早餐的人中不乏在日朝鲜人。对他们来说，与长久以来同地生活的日本近邻坐在一起吃早饭是理所当然的事，但有时也会只是和自己人围坐在一起。

如果一桌都是在日朝鲜人，他们会交换子女们的相亲信息，以便让子女在同胞中选择结婚对象；有时也会悄悄谈论一下新近偷渡过来的本族人。不仅如此，当渡日第一代的老人和新来日本的新人聚在一起闲聊时，经常会使用韩语或日韩混合语。以上这些，都是在日朝鲜人品尝优惠早餐时的特征。

大阪市西区

大阪市西区的西九条商店街周边，也是一个相当于"下町"的平民生活区。穿过车站前的商业街，可以看到中小企业的大楼和小作坊鳞次栉比。从商店街的后方进入小巷，那里长屋式的民宅密布。西区的咖啡店大致可以分为两类：一类是商店街中的咖啡店，另一类是中小企业、工厂区门口附近的咖啡店。前者的客人大多是商店街的店主及其家属，以及附近的居民；后者的客人大多是从别处来工厂、企业上班的员工。

以下为前一种类型的咖啡店的一位店主的叙述。

我们咖啡店早晨7点30分开门。10点前是早间时间段。这个时间段来店的客人，每天30人左右，大多是常客。客人中，附近的商店街的店主和主妇们所占比率较高，也有一些到附近的公司上班的工薪族。一到休息日，会有更多的店主和主妇前来光顾，因为有的人只是在休息日才会来咖啡店吃早餐。来店里吃早餐的人，往往不在家里做早饭，有孩子的家庭，早餐就给孩子吃吐司面包等方便食品，等打发孩子带了便当去学校后，母亲们再来咖啡店吃早餐。对于食量不大的人来说，咖啡加上面包和鸡蛋就足够了，所以咖啡店提供的优惠早餐的量刚好合适。另外,作为附近商店街的店主,男人们也会在一起聊各种话题。有时还会谈到城市的现状和选举的情况。商店街的未来当然也会是个话题。还有,住在附近的当地人和非本地的上班族一旦意气相投,也会在这里组织召开忘年会和新年会。这时,我们店家一般也会提供点赞助捧捧场。

此外,大阪的西区和生野区的咖啡店在春秋两季一般都会敞开门营业,也就是将自动门的电源关闭,店门保持打开的状态。店主们解释说:

下町平民商业区的咖啡店是人们闲聊杂谈的场所。门关着,人们就不能毫无负担地轻松进出,从而很难尽兴地闲聊杂谈。让店门保持打开状态,只能是在不需要空调的春天和秋天,但其实我们心里是希望冬天和夏天也能打开门做生意。春秋两季各家店基本上都是开门营业的,只是由于冬天寒冷、夏天炎热,冬夏二季店内要开空调,大家不得不使用自动门闭门营业。

兵库县尼崎市

尼崎市阪神电铁杭濑站的周边地带,是一个下町氛围浓郁的区域,那里的商业街的后方,密布着长屋住宅和木造公寓。小巷两旁的住宅屋檐下,摆满了花木和盆栽,住户每天都会给花木浇水。熟

第四章 咖啡店"优惠早餐"习俗之谜

人途经门前，时常停下来与浇花人聊两个小时。居民去商业街买东西时，也常会碰到好几个熟人，他们常以"今天要买什么好吃的啊？"来打招呼。在这样邻里关系亲密的生活空间中，说不清孩子们究竟是在自己家长大的，还是被附近的阿姨们带大的。

70多岁的A女士是该地的居民，她在咖啡店用早餐的情形如下。

A女士独自一人生活，她经营着一家房地产公司。她的早餐每天都在咖啡店解决。在这里，早餐直接被称为"Morning"，例如大家会用"Morning"一词说："去Morning吧""每天早上来吃Morning的某先生/女士"等等。A女士的家附近有10家左右的咖啡店，她常去其中的3家，且尤其对一家叫"亚米利馆"的咖啡店情有独钟。她说："我最喜欢'亚米利馆'，和老板娘也是好朋友。"但亚米利馆的店休日是星期六和星期天，所以这两天她就去别的店。从今福（地名）商店街进入一条小巷，小巷的一角便是亚米利馆。

20年前，A女士在丈夫去世后，开始一个人生活。从那时起，她就每天在咖啡店吃早餐。因为她觉得一个人在家默默吃饭的话，感觉不到饭菜的香味，不好吃。所以，不仅是早饭，午饭和晚饭她大多也是在外面吃的。不出去吃饭的时候，就在附近新开的便利店买点饭团什么的对付对付。如果在外用餐，午饭通常是去什锦饼店和乌冬面店，晚饭则是在居酒屋吃汤豆腐，喝啤酒。她说，即使买菜在家做饭，也会因为一个人吃不了太多而剩下，而且食材也用不完。她觉得自己做饭不经济，所以一直都是在外面解决一日三餐。

亚米利馆的店主（"老板娘"）是"芦屋[1]出身的大小姐"，她之所以在20年前开这个店，与其说是为了生计，不如说是出于兴趣。她是阪神老虎队[2]的忠实粉丝，店内装饰着阪神队选手的海报、人偶、应援喇叭等。

来亚米利馆的，除了附近的主妇外，还有很多60岁以上的老人。据说年纪最大的老人有90岁。这些人"都是靠养老金生活的人"，是"经历了生活的酸甜苦辣后，心情恬淡优雅的老人"。

A女士大约从早晨8点半开始在亚米利馆度过一个小时左右的时光。点一份包含咖啡、吐司、煮鸡蛋、沙拉等的价值400日元的优惠早餐，一边吃一边和老板娘以及熟客们聊聊天。闲谈的话题非常多，或是阪神老虎队，以及其他体育赛事；或是自己的孙子、丈夫，以及自己引以为傲的过往；抑或是电视节目；等等。有时，也有人会说一点别人的坏话，客人之间也有互相敌视的。A女士说："世间好人很多，但也不全是好人，也有很多不懂礼貌的人、任性的人、自负的人。正因为有各式各样的人，才会呈现出人间百态。"[3]

---

1 芦屋是兵库县东南部的一市，位处大阪市与神户市中间，是知名的高级住宅区。——译者注
2 日本共有12个职业棒球队，6支属于中央联盟，6支属于太平洋联盟。阪神老虎队是隶属于中央联盟的一支职业棒球队。——译者注
3 在本案例的调查中，得到了A女士的孙女武藏大学人文系学生中西美津奈的协助。在此说明并致谢。

神户市长田区

在1995年的阪神淡路大地震[1]之前，神户市的长田区可以说是一个典型的下町平民生活区，这里遍布着制鞋的小作坊和工人们生活居住的长屋住宅。震灾之后，城市的重建一直持续至今。

在长田区也存在着浓厚的咖啡店早餐文化。长田土生土长的民俗学者森栗茂一教授（神户学院大学教授），对生活在长田的老人们的"从优惠早餐开始的一天"，进行了如下的描写。

老人们早上在咖啡店吃早餐套餐。一边吃早饭，一边在店里花上一个小时左右细读体育报，与银发飘飘、时尚潇洒的店老板说说对阪神老虎队的不满。将近10点时，顺便去一下医院。坐在医院诊室前的椅子候诊时，和朋友发发牢骚。轮到自己就诊时，握一下护士的手，不由得心情愉悦。

从医院回家时顺路去一下菜市场。和卖鱼的聊聊天，到豆腐店买块芝麻豆腐作为午饭的食材。然后再去肉店，跟店家说"只要切一小块"，买2两晚饭时吃的烤猪肉。肉店店主不厌其烦地叮嘱说，"夏天不宜久放，早点吃掉哦"，然后包好了递过来……

在菜市场上以物为媒介与别人进行的交流和对话，给老年人的一天增加了些许色彩。

---

1 又称神户大地震、阪神大震灾，是指1995年1月17日上午5时46分52秒（日本标准时间）发生在日本关西地方规模为里氏7.3级的地震灾害。——译者注

从菜市场回到家后，就一边看历史题材的电视剧一边吃芝麻豆腐。下午去澡堂泡个澡，然后在卖章鱼丸的店家那里喝杯生啤。傍晚就着买来的烤猪肉吃顿简单的晚饭。

（森栗茂一：《澡堂中的咖啡店》，《埼玉新闻》1998年4月15日）

显然，咖啡店早餐在人们一天的生活中占据着不可动摇的位置。上面的文章虽然描写的是震灾前的情况，但即使现在去长田，这样的情景也还是随处可见。

接下来看看日本的中国地区和四国地区的事例。

广岛市中区

广岛市内的咖啡店也有提供优惠早餐的习惯。其中位于中区大手町的鹰野桥商店街的一家名叫"小憩巴西"的店，1956年的时候就已经在提供"早餐优惠服务"了。这一点可以通过当年的照片得到确认。

该店创立于1952年（昭和七年），创立之初的店名为"巴西"。据说提供早餐优惠服务，是创始人末广武次先生（1919年出生）于20世纪50年代的发明。当年的优惠早餐由咖啡、涂上人造黄油的吐司面包，以及煎鸡蛋组成。付50日元的咖啡费加上10日元，也就是只需60日元就可以享用。当时咖啡和面包都很少见，鸡蛋也很珍贵，所以这个菜单被称为"梦幻三色套餐"。这个套餐一经推出，大获成功，据说每天早上都能卖出几百份。"巴西"店很快便添置了空调和电视，作为一个时尚新潮的店，它的名气越来越大。由于"巴西"店的早餐优惠服务是别处的店所没有的新生事物，因而广受欢迎。因为风评很好，所以周刊杂志等也曾来进行过采访报道。

爱媛县松山市

优惠早餐在松山市也很盛行。走进咖啡店可以看到一大早就赶来的老夫妇；看到住在附近的奶奶们正聊得起劲，她们聊天的内容包括说媳妇的坏话；看到年轻的主妇们在谈论别人的"八卦"或发发婆婆的牢骚；等等。这样的情景在松山市的咖啡店随处可见。

在松山市的"枞树"咖啡店，流传着优惠早餐起源于松山的说法。他们认为"枞树"店1967年推出的早餐优惠服务，是日本最早出现的优惠早餐。该店老板加藤智子在自传里有这样的描述。

我们所说的"早餐优惠服务"，就是咖啡加上面包和煮鸡蛋，每份100日元。一杯咖啡的价格是80日元，从收取的咖啡费用中已能获得收益，所以面包和煮鸡蛋只收成本价20日元。

现在，虽然咖啡店优惠早餐已经司空见惯，但在当时，我们店可是日本最先推出早餐优惠服务的店。100日元就能吃到早餐，客人们都很高兴。

至于开始提供早餐优惠服务的缘由，则是因为当年看到了报纸上的报道说"不吃早饭的工薪族越来越多了……"。

于是我就想,"或许我们店可以给他们提供早餐优惠服务"。

当时,A报的记者正好在,跟他一商量,他就说"那太好了!"他表示完全赞成。

但是问题来了,我们不是饭店,而是咖啡店,我们能提供什么样的早餐呢?

现在的咖啡店甚至会提供咖喱饭和炒饭之类,但这在当年是难以想象的。当时说到咖啡店的餐食,最多也就是烤面包片或是夹着煮鸡蛋切片的三明治。

"可是从早上开始就要剥煮鸡蛋来准备做三明治的话,太辛苦了……这样一来也只有选烤面包片了……话说回来,鸡蛋只是煮好不用再加工的话倒也不麻烦啊。"

于是我们店决定,优惠早餐的菜单为一片切成三角形的烤面包片和一个煮鸡蛋、外加一杯咖啡。

因为没有多少选择的余地,所以决定早餐菜单的品种相对容易。但是没想到这个早餐组合会风行到全国各地的咖啡店。

而"早餐优惠服务"这种叫法,在决定之前还是有点纠结的。

"叫'早饭'感觉有点怪怪的,说成是'早餐套餐'更怪……"

(中略)

前面提到的那位报社记者建议我说:"早上一词用外语说是'morning'。你做咖啡店的生意也赚了钱,如果说想回报给客人一点的话,那就用'service'(服务)这个词吧。"

我深有同感,于是立刻把这套早餐命名为"morning service"

（早餐优惠服务）。

当时是1967年7月，没有人会挑剔说"morning service"（早餐优惠服务）这种叫法是个奇怪的日式英语，身处和平时代真好。

（加藤智子：《不能屈服于对女性的偏见》，商业界，1995年）

早餐优惠服务（morning service）的起源是"枞树"咖啡店，这种说法此前曾多次被当地电视台报道过，在松山市知道这件事的人也不少。

以上是日本国内的事例，除了日本以外，在亚洲各地也存在着相当于日本优惠早餐的习俗。

2. 亚洲人的早餐

中国香港的早茶

据说香港人大多在外面吃早饭。在香港，早上6点左右，小吃摊和小饭店就开始营业了。走在香港的街道上，可以看到人们在喝粥、吃早茶（指人们一边喝茶，一边吃两三块点心或小菜。喝早茶是中国广东地区的饮食习惯）。我的一个在香港出生、在香港长大的朋友说，"在香港几乎没有人在家里吃早饭。因为一般家庭中，夫妇俩都要工作，妻子没有时间做早饭，所以会在家或单位附近的小饭店或小吃摊吃早饭。有的人是独自一人吃，也有人是和家人、同事一起吃。赶着上班的人，匆忙吃完便赶紧离席；而时间充裕的人，常常会继续留在店里聊兴大发"。

永仓百合子在其著作《亚洲游学》之《早茶点描》篇中，关于香港的早茶习俗有如下的描述。吃早茶原本是一种早晨的习惯，但"随着人们待在茶餐厅的时间不断延长，现在的早茶时间会持续到午后"。"每天早上都有很多人去喝早茶，尤其到了节假日，茶餐厅更是热闹非凡、充满活力。我原想着休息日的早上应该人不会太多，结果过去一看，大部分的桌子都已经被先到的人占了。即便看到一张大桌子前只有一位老奶奶孤零零地坐着，也不意味着这张桌子有空位，那位老人多半是在为自己的一家人占位子。老人起得早，会先一步来到餐厅，为迟点来的孩子和孙子们先把座位占好。如果你觉得有空位而靠近那张桌子的话，她们就会直接地告诉你'这里已经有人了哦'。""在香港，受欢迎的酒楼，休息日的早上很难订到座位。酒楼门口一般都有一个卖报纸和杂志的小摊。有的人从那买来登有大量广告的厚厚的报纸，坐下来慢慢翻阅。也有人在开吃之前，会用店内备置的水壶里的开水冲洗一遍小碟和碗。人们从在店内穿梭的小推车上选择自己喜欢的小食，一边吃，一边闲谈或处理手头的工作，吃饱之后便会离开这个热闹之地"（永仓百合子：《饮茶点描》，《亚洲游学》(36)，2001年）。

在外面的茶餐厅吃早餐，不仅限于香港、广东地区也有同样的习惯。

贾蕙萱认为："广东人不在家里吃早餐，早餐都是在外面吃的，他们称之为'吃早茶'。"(贾惠萱/石毛直道:《以食为天——现代中国饮食》,平凡社,2000年)。除广东以外,中国的其他地方也有在外吃早餐的习惯。比如,武汉大学的一位教授就告诉我说,在湖北省的武汉市,几乎没有人在家吃早饭,大家都是在附近的餐馆用餐。有时一家人一起,有时也会根据各自的上班时间分头去,例如丈夫和妻子在不同的时间去吃早饭。而且,通常是由与孩子的上学时间不冲突的一方,带孩子去餐馆吃早餐。因为都是双职工家庭,夫妇俩都没有时间在家准备早饭。据说那些自己在家做早饭的,基本是一些经济上不宽裕的老人。

越南的米粉和糯米蒸饭

在越南,在外吃早饭的人也很多。我去过胡志明市和河内市的市区。在市区散步时,看见从早上5点左右开始,就有很多人在路边的早餐摊、小吃店吃早餐。我咨询了一下当地人,他们解释说:"在自己家里做早饭、吃早饭的,只有政府高官和有钱人家,那些家庭的主妇可以不出去工作,或者家里雇有女佣。平民百姓都是在外面用餐。"

社会心理学家伊藤哲司曾在河内驻留过一段时间,他调查过当地人的日常生活。他也注意到了越南的外食式早餐,写道:

河内人不太有在家做早饭的习惯,他们经常在路边店吃米粉(越南式乌冬面)、糯米蒸饭等。人气高的米粉店,常常是座无虚席,翻台也很快。座席是塑料制的小桌子加上一圈小椅子。在小巷中的一个临街的店头,老板娘正忙着做鸡肉米粉、牛肉米粉,男主人和女儿们则忙着把做好的米粉端到客人桌上。河内的学校基本上是二部制,二部制是指学校把学生分为上午部和下午部两部分,让学生上下午轮流到校上课的制度。因为上午部是从早上7点开始,所以很早就能看到学生和孩子们的身影(中略)。来吃早饭的人中,也不乏穿着整齐的大人。其中也有人一吃完就匆忙跨上日本产的摩托车去上班了。

(伊藤哲司:《河内的小巷民族志研究——解读不同文化的生活世界》,Nakanishiya出版社,2001年)

此外,在一个驻越南的商社的职员的随笔中,也有类似的记述。

在越南,几乎所有的家庭都不做早饭。他们都是在外面解决早餐。在外面可以吃河内米粉、杂烩粥、米饭、馒头等等。越南人只在家里做晚饭。

我问一个越南朋友:"每天早上都和家人一起在外面吃早饭的话,开销会很大吧?"他说:"早餐确实很费钱。以前非常便宜,但是最近物价上涨,早饭费用是一笔不小的开销。在家里自己做肯定会很经济,但是……"

他大概是想说不能增加妻子的负担。而且在家里用蜂窝煤生火

做饭的话，会让家里变得很热。(中略)

因为早晨5点半吃早饭的人很多，所以早晨4点半左右，无数的早饭摊点就开始在做准备了。所有的路边摊店都会在5点正式开始营业。

(樋口健夫:《越南的微笑——河内生活如此有趣》,平凡社,1999年)

金边的粥和乌冬面

柬埔寨是越南的邻国，在柬埔寨的金边，人们也有在外吃早饭的习惯。以下内容来自石毛直道和肯尼斯·拉德尔的调查报告。

与东南亚其他城市的居民一样，金边的市民在忙碌的早晨大多在外面解决早饭。上班族们一般在上班前顺道去附近的小饭馆，来一碗肉粥、鱼粥，或一碗米线等作为早饭。虽说有通货膨胀，但像这样在路边店里吃早饭，似乎也不是一笔无法应付的开销。再说煤气和电力供应也不尽如人意，在家里准备早饭很麻烦。所以一大早路边饮食店便会非常热闹。

(石毛直道、肯尼思·拉德尔:《亚洲市场——历史、文化与饮食之旅》,KUMON出版社,1992年)

曼谷的一日三餐

据说在泰国曼谷，不仅早饭，一日三餐都在外面吃的人也不在少数。有的家庭的家中甚至没有做饭的厨房。在此，我们引用一下森枝卓士的调查报告。

在曼谷，人们或是在路边摊、小吃店直接解决早饭，或是将做好的现成的菜和饭买回家，装到自家的碗碟中在早晨吃。更令人吃惊的是，不仅仅单身的人这样做，有家室的人也是如此。有厨房、有家庭的人平时不做饭是件司空见惯的事。我曾经跟一位当地的料理老师学做家常菜，老师上课的时候自然是亲自动手做饭，但她说她在家里是不大做饭的……大多是从外面买现成的回来吃。擅长做饭的料理老师平时并不做饭，听起来很不可思议。一开始我也很讶然，后来随着了解的深入，也就逐渐理解了。因为在外面吃饭，如果是路边摊之类的话，花费与自己在家里做差不多。虽然曼谷的贫富差距非常大，但是人工工资很低，而且店家是批量采购食材，材料成本也不高。所以，从市场和超市零买食材回来做饭，并不是个明智的选择。只要不是人数众多的大家庭，即使说自己买菜做饭经济实惠，也绝不会比在外面吃便宜多少。另外，泰国女性的社会地位很高，这一点是日本无法相比的，不仅年轻女性在职场上很活跃，女性结婚后继续工作的双职工家庭也很普遍。这样一来，人们索性一日三餐要么都在外面解决，要么将饭店做好的饭菜直接买回

第四章　咖啡店"优惠早餐"习俗之谜

来吃。

（森枝卓士，《图说东南亚饮食》，河出书房新社，1997年）

新加坡的自助咖啡店

新加坡曾经存在世界上屈指可数的贫民窟。但在1965年新加坡共和国建国以来，由于国家推行现代化政策，现在全国人口的85%以上，居住在被称为HDB（Housing and Development Board，建屋发展局中心）组屋（新加坡的经济适用房）的公共住宅。

在组屋住宅区的一楼，以杂货店和餐饮店为主的各式各样的店铺鳞次栉比，而咖啡店在每个住宅小区都是不可或缺的。这里所说的咖啡店，并不是像被称作新加坡银座的乌节路（Ochard Road）[1]那样高档时尚的店，而是无人服务的自助式店铺。也就是说，店里没有服务生，客人需自助购买和拿取咖啡、面包、油炸饭团、炒面、肉骨茶（黑茶）等，然后找个位子坐下来吃。

这种平民化的咖啡店，曾经存在于"古镇老街的一角"，现在一般出现在住宅楼的一楼。田中恭子女士在其著作《新加坡的奇迹——一个外国教师眼中的国家建设》（中央公论社，1984年）中描述说，新加坡的咖啡店一般是"二面敞开的店面，店内不可能装有空调，最多也就是灰蒙蒙的天花板上吊着一个同样灰扑扑的电扇

---

[1] 乌节路（Orchard Road）是新加坡著名的旅游购物街，被称为时尚潮流的集结地。——译者注

127

罢了"。

图9 新加坡咖啡店的早餐风景

　　塑料材质的桌椅几乎都不是放在通风不良的店内,而是放在店门前的人行道上。坐在透风的人行道上,风一起,很是凉快舒适。随着就餐人数的增加,座位占满了人行道。现今咖啡店的经营者,来自世界各地,但在十年前,店主主要是来自中国海南岛及福州的人(山下清海:《东南亚的唐人街》,古今书院,1987年)。

　　人们一般在自己住宅小区楼下或工作单位附近的咖啡店吃早餐。通常每天都是去同一家店。主妇们一般会让孩子们在家里吃早饭,她们会提前为孩子们买好面包等早点。包括主妇在内的成年人则大多会去咖啡店用餐。夫妇、家人、同事,或朋友一起去咖啡店。有时也会有人独自前来,但多数时候是结伴而行。如果是只身一人,多半会边喝咖啡边看报纸,但如果有同伴的话,就会聊各种

第四章 咖啡店"优惠早餐"习俗之谜

各样的话题。

聊天的内容,大都是些无关紧要的事情,有时也会聊一些别人的"八卦"或赛马、博彩之类的话题;一些可能会成为街头小报素材的话题;或者稍微带一点政治色彩的话题。据说在国家对国民管理严格的新加坡,不会有人公开批判政府,但在咖啡店会听到一些讽刺政治的言论(出租车司机也会在客人面前批评政府)。此外,有"咖啡店里的客人中会混有政府间谍"的说法,但是真是假就不清楚了。(根据新加坡国立大学的林明珠教授的谈话内容整理)

当我询问当地人在外面吃早饭的原因时,很多人回答我说:"这已经成为习惯了","早上太忙了在家做来不及","在外面吃更划算"。新加坡人盛行在外用餐,且不限于早餐。究其原因,有学者提出了以下见解:因为新加坡是"中国沿海地区外出打工者聚集的地方,以前女性人口很少,没有人做饭,使得新加坡很快成了一个盛行在外就餐的城市。这段历史与新加坡人现在的饮食习惯有着密切的因果关联"(引自前述《亚洲市场——历史与文化与饮食之旅》)。也有学者指出:"在移民中,想用较少的资金独立做生意的人不断地摆出小吃摊创业,从而形成了新加坡人这样的饮食习惯。"(前川健一:《东南亚的日常茶饭》,弘文堂,1988年)

3. 对优惠早餐的考察分析

外出吃早餐的原因

我在调查日本的优惠早餐时，一定会问这样一个问题：为什么要在咖啡店吃早餐？而我得到的回答中，"已经习惯了"这一理由最多。当然，回答其他理由的人也不少，这些理由五花八门，涉及的面很广。如果稍作整理，我们可以将其主要分为以下两点。

第一，在外吃饭是节省时间、减少人力消耗的一种手段。
第二，咖啡店是进行人际交往所需要的场所。

例如，第一点中包含的回答有："夫妻双方都要工作，早上很忙碌，没有时间在家做早饭。""老婆工厂的工作很忙，有做早饭的时间的话，还不如多做一个产品。""难得的星期天，想让母亲轻松轻松。""女性整天都是在为别人付出，早餐就不要再为了他人忙活了，小小地奢侈一下，让店家来做吧。""每天做早饭很烦，想让自己轻松轻松。"

对于那些为了生计、为了家庭疲于奔命的人们来说，早饭在外面解决，是节省时间和保存体力的一种方法。

第二点中包含的回答有："早上不来咖啡店的话就会无法获得新信息。""早上不露面的话，就获取不到'城市'信息，自己就会落伍。""对早起的老人来说，吃早餐时听一听家长里短是一种莫大的乐趣。"第二个回答中提到了"城市"，其实出这个回答的人，并非生活在"乡下"，而是就住在城市里，住所就在咖啡店附近。他所说的"城市"，是指人们聚集、进行信息交流的场所，也就是指咖啡店这个地方。

从这些回答中可以看出，提供早餐优惠服务的咖啡店并非只是个吃饭的地方，而是一个进行人际交往的场所。一位经常在大阪市内的一家咖啡店吃早餐的客人说："只是解决早饭问题的话，也可以买便利店的便当。但是，吃便利店的便当时，不会有人和你说话。而在咖啡店吃早餐，就会有机会与他人的接触、交流。有的人在家里吃过早饭以后，仍然要来喝杯咖啡，他们就是为了能和熟客及店老板一起聊聊天、说说话。"他的回答很好地诠释了优惠早餐存在的意义，在外吃早餐已经成为大家进行信息沟通的一个方式。

优惠早餐在日本的分布

作为咖啡店菜单的优惠早餐、早餐套餐，几乎存在于日本国内的任何城市。而且，也可以预想到很多忙碌的上班族利用这种优惠来解决早餐。但是当出现这样一种情况，即优惠早餐、早餐套餐不只是作为咖啡店菜单的一个品种，这个早餐菜单针对的人群也不仅仅是上班族，还包括主妇、孩子、老人、家庭作坊的工人等形形色色的人，而他们把在咖啡店吃早饭作为日常生活的一部分时，那么在咖啡店吃早餐的现象就已经成为一种地方性习俗。但我们很难说这种现象在日本全国的分布具有普遍性。

目前可以确认的是,在中京圈、关西圈、中国地区、四国地区都能找到有咖啡店早餐习俗的事例,且优惠早餐在城市中的下町(平民区)比较盛行。

但是另一方面,我也发现在东京及其近郊,"作为地区习俗的优惠早餐"似乎并不常见。不管是中京圈、关西圈,还是中国地区、四国地区,当地很多人都知道"Morning"这个词是指在咖啡店吃早饭的习俗。在大阪甚至流传着"在中学英语考试中,有学生把'morning'翻译成'早饭'"这样一则笑话。与此相反,在东京,即使在大田区、荒川区等有着下町氛围的平民区,人们也会有"Morning(优惠早餐)……那是什么?"的疑问,因为他们并不知晓"Morning"一词指代在咖啡店吃早饭的习惯。

选修我的民俗学课的学生中,有几个是在东京或东京近郊长大、继续留在东京上大学的学生。在我们讨论"关西圈的优惠早餐"这一话题时,他们的发言十分有趣。

"之前在电视上看到某位艺人说'我老家的人(关西)都去咖啡店吃早饭',当时觉得很有趣。原来他们有这样的习惯啊。"(武藏大学学生,东京都出身)

"我祖母住在尼崎,我小时候去玩的时候,每天早上都会被带去一家叫'亚米利馆'的咖啡店吃早饭。我当时以为祖母只是单纯地嫌做早饭麻烦,现在看来也许是像老师说的那样,有更深层的意义吧。我所在的埼玉县是没有这样的早餐习惯的。"(尼崎市事例中

第四章 咖啡店"优惠早餐"习俗之谜

A女士的孙子，武藏大学学生，埼玉县出身）

从这些发言中还可以看出，对于东京及其近郊的人们来说，优惠早餐跟他们的生活并没有太大的关系。此外，在日本东北地区的秋田市，秋田站附近商业区的咖啡店虽然有早餐套餐的菜单，但是享用这个套餐的仅是少数的工薪族。所以，在这个地区完全不存在所谓"地域性习俗的优惠早餐"。

而且，即使在优惠早餐分布密集的地方，由于所处地域和服务对象的不同，也有一些并不提供优惠早餐的咖啡店。

例如，一位一直在大阪神户周边生活的30多岁的女性说："从小学到高中，我住在阪急[1]云雀丘花园站附近，大学靠近阪急门户厄神站，读研究生是在阪急六甲站附近，购物常去阪急梅田站的阪急百货店。我是在阪急沿线长大的，没去过梅田以南的地方。"（她所提到的这些地方，反映出她的生活圈有别于下町平民生活区。）她说："我家里没有人去外面吃早餐，也不知道吃咖啡店的优惠早餐是什么样的感觉。"

从我第一节的记述内容和这位女士的上述发言中也可以推测出，在咖啡店吃早餐的习俗应该主要盛行于小作坊及长屋住宅等密布的下町平民区。

但这样的推论，并不能解释我在中京圈事例中提到的郊外型早餐优惠服务，即"节假日的早上一家人驱车去郊外的咖啡店享用优

---

[1] 全称是阪急电铁，是一个从私铁发展起来的包括铁道、百货商场、高尔夫球场等的集团。——译者注

惠早餐"这一现象（他们的理由大多是"至少休息日不要妈妈做早饭，让妈妈轻松一点"）。因此，如何解释这种类型的早餐习俗，将是我们需要继续研究的课题。

不过，关于这一点，我认为，长屋住宅密布区的优惠早餐是"基本型"，而郊外的优惠早餐则是从中派生出来的"派生型"。

日本优惠早餐的历史

从上述的考察可知，20世纪50年代在广岛市和一宫市已经出现了优惠早餐。到20世纪60年代中期，丰桥市和松山市开始推出优惠早餐。在丰桥和松山，优惠早餐特别针对的对象，是"上班前的工人""公司职员"。也有证据表明，东大阪在1964年左右也已经出现优惠早餐这一现象。

关于优惠早餐的"发祥地"，目前还无法做出定论。这种提供优惠早餐菜单和服务的行为，在一定的时间范围内，极有可能是在多个地方的咖啡店同时发生的。所以，将某个地方认定为起源地并没有太大意义。

且不探讨优惠早餐服务的发祥地和发源店，我们来看一下优惠早餐是如何进入人们的生活中，成为人们的生活习惯的。一位居住在东大阪市衣摺周边的女士（叙述人）给我们讲述了当年优惠早餐出现时的情形。

"我女儿出生于1964年（昭和三十九年），我们家附近的咖啡店开始提供优惠早餐就是在我女儿出生的那一年。也许当时城里

（指大阪市内）的店早就在做了。各家各户开始安装自来水管也是这个时候。在那以前，洗衣服和做饭都是用公共自来水，附近的主妇们在公共自来水点洗衣服、洗菜时，可以聚在一起唠家常、说'八卦'，互通消息。但是在各家各户都装了自来水以后，聊天拉家常的地点就开始变为提供优惠早餐的咖啡店了。"

我在各地进行田野调查时，也不时地听到类似的说法：不再使用共用水井及公共自来水的时期和优惠早餐开始流行的时期几乎是重叠的。随着自来水供给到各家各户，人们不再聚集在水井边或公共用水点拉家常，取而代之的是出现了在咖啡店吃早餐的习惯。

对于咖啡店的经营者来说，他们当初设想的优惠早餐的服务对象是"上班族""工薪族"，但后来优惠早餐逐渐为附近居民，尤其是女性客人所接受，于是咖啡店成了他们早晨聚在一起聊"八卦"、拉家常，以及进行信息交流的场所。

亚洲人的早餐习惯

如前文所述，我们能在亚洲范围内找出很多在外吃早餐的案例。目前，我们了解到，在中国香港、中国内地、越南、柬埔寨、泰国、新加坡等地都有这样的情况。在这些地方，早餐外食已成为根植于城市人生活中的一种习惯。

由各地调查的案例可见，人们在外吃早餐的理由如下：①女性进入社会工作，即夫妇都要上班，在外吃早餐可以减少家务劳动；②在电力、煤气等现代化基础设施不完备的地区，外出用餐可以减轻做早餐的负担；③因为人工费低廉，在外就餐反而会比较划算；④单身打工者有嫌做饭麻烦的传统；⑤在热带气候下，在家里做饭的话，会使室温升高，闷热难耐；⑥在外吃早餐时，可以和熟人聊天。

其中，①、④、⑥项等也适用于日本。放眼亚洲，在城市中生活的人们在外吃早餐是一种比较普遍的现象，而且，日本的优惠早餐，带有亚洲城市社会所共有的生活文化特性[1]。

亚洲人在外吃早餐的习惯，除了本文所提到的地域分布之外，可能会有更为广泛的存在。关于这一点，今后我会做进一步的案例收集和研究。只是，我们必须要注意到，在亚洲其他国家，也存在处于城市社会中却没有早餐外食习惯的地区。例如，老挝的维也纳街道上的早餐摊点就很少，这与邻国泰国形成了鲜明的对比。关于产生这种差别的原因，森枝卓士的推测是：因为"泰国的城市与其周边地区的物流、交通的网络化程度较高，而老挝则相对落后"（引自前述《图表东南亚之食》）。

作为"习俗性公共圈"的早餐优惠服务

我们来比较一下提供优惠早餐的咖啡店和诞生于欧洲的"咖啡

---

[1] 关于这一点，森板茂一揭示了优惠早餐盛行的神户市长田区的下町与亚洲其他国家和地区的共通性，即长田区具备的"内在亚洲"性。他通过示例比较日本的长屋和印度尼西亚的 long house、日本长屋一角的地藏祠和泰国的土地神祠、日本的咖啡店早餐和中国及印度的小摊早餐，说明了"在经济高速发展之前，日本的长田具有'内在亚洲'性"（森栗茂一：《随想亚洲城市》，《神户新闻》，1999年3月9日）。

第四章 咖啡店"优惠早餐"习俗之谜

屋""咖啡馆"。

咖啡和咖啡文化在 17 世纪从土耳其传到欧洲后，在欧洲开始出现被称为"咖啡屋"（英国）"咖啡馆"（法国）的社交空间，进入 18 世纪后，这种咖啡文化的空间更是显示出勃勃生机。近代欧洲人是被认为是具有"社会、经济、精神独立人格"的理想居民，而这个空间则被认为是这些拥有理想人格的"市民"们聚会的场所。事实上，欧洲的"咖啡屋"确是这样一群人聚集在一起聊天的地方。我们把与外人（这里指的是家人、亲戚等关系亲密的人以外的人）接触、交流的场所称为"公共圈"，可以说"咖啡屋""咖啡馆"是由"市民"形成的公共圈，也就是"市民性公共圈"[1]。

"市民性公共圈"的特征在于"市民"们在此展开有理性、有逻辑性的交流。从这个意义上来说，"市民性公共圈"可谓一个体现出近代欧洲启蒙主义思想的空间（即"启蒙主义性质的公共圈"）。

另一方面，在早餐外食的习俗中，人们的言行包含了很多启蒙主义之理性无法解释的要素。这里不要求人们的交流具备理性、逻辑性。食客也无须是具有"社会、经济、精神上独立人格"的欧式"市民"。而提供早餐优惠服务的场所，也是一个"与他人接触、交

---

[1] 在"咖啡屋""咖啡馆"的发展过程中，以这种"市民性公共圈"为母体，诞生了大众传媒，新闻报道逐渐发展起来。包括这一观点在内，关于"咖啡屋""咖啡馆"的研究文献如下：小林章夫，《咖啡屋——十八世纪伦敦、都市生活史》，讲谈社，2000 年。臼井隆一郎：《咖啡流转的世界史——近代市民社会的黑色液体》，中央公论社，1992 年。田口卓臣，《咖啡文化与十八世纪》，《法国文化事典》，丸善出版，2012 年。

流的场所",所以我们也可称其为一种"公共圈"。虽然都叫"公共圈",但它是一种与"市民性公共圈"不同的"非启蒙主义性质的公共圈",也就是"习俗性(vernacular)公共圈"。

"习俗性公共圈"并不比"市民性公共圈"价值低下。社会思想史领域的研究表明,"市民性公共圈"是男性、有文化资本(识字能力、教养等)的人的特权性空间,是将"市民"以外的人排除在外而形成的"公共圈"。而且,斋藤纯一指出,有必要着眼于被排除在外的人们所形成的"另一个公共圈",并探究其是一个何种性质的社会空间[1]。可以说,我在上文提出的"习俗性公共圈"就相当于这里的"另一个公共圈"。

社会并不是单凭启蒙主义之理性就可以成立的,民俗学用丰富的事实证明了这一点。我们必须兼顾启蒙主义和非启蒙主义,来思考社会诸形态,研究"公共圈"时亦是如此。"公共圈"不仅是指"市民性公共圈","习俗性公共圈"也是一种具有社会性存在意义的有价值的"公共圈",本章讨论的优惠早餐的案例,便清晰地印证了这一点。

---

[1] 关于"市民性公共圈"的局限和"另一个公共圈"的重要性,请参照斋藤纯一的《公共性》(岩波书店,2000年)一书。

第五章 "B级美食"来自哪里？

在日本评判饮食等级时，会使用"B级美食"一词。与A级——"高级"相对，B级代表"平民化"。B级美食是指美味却价格适中的料理。"B级美食"的说法开始在日本出现[1]是20世纪80年代初。2000年后，B级美食作为"乡村振兴""振兴地域经济"的要素，逐渐受到关注。

2006年2月，在青森县八户市举办了第一届"B级本地美食节之B-1大奖赛"[2]。同年7月，赛事举办方组织成立了"B级美食振兴团体联络协会"（通称"爱B联盟"）[3]。

---

1 "B级美食"一词，最早出现在初期美食杂志上田泽龙二的撰文《东京美食通信：B级美食的逆袭》（主妇和生活社，1985年）。
2 B-1的"B"除了代表"B级美食"外，也包含"Brand"（品牌）的意思。与一般的料理比赛不同，该比赛的主要目的是通过美食来传递地方城市的魅力及特色，提高城市的知名度。——译者注
3 该协会和该大奖赛如今一直持续存在，2019年的第11届"B-1大奖赛"在兵库县明石市举行。

在B级美食中，可能存在一些由乡村振兴团体组织及有关部门凭空人为创造（说得难听点就是"捏造"）出来的美食。但多数情况下，是原本没有被命名为B级美食的"地方美食"，被乡村振兴团体和行政部门"发现"，从而被定位为"B级美食"，继而走红畅销。

在成为B级美食之前，这些地方美食就已具备了以下"俗"之特性：（1）与支配性权力相左；（2）无法完全用启蒙主义之理性来解释；（3）与"普遍""主流""中心"的立场相悖；（4）与正式制度保持一定的距离。

在本章中，我们将对B级美食的本体——"俗美食"的世界进行考察。

遣返民的圆盘饺子

在福岛市、宇都宫市、滨松市等地都有被称为"饺子街"的地方。据说"饺子街"的名称，源于遣返民和退役军人给这些地方带来了饺子。所谓"遣返民"，是指移居至中国大陆、中国台湾地区、朝鲜半岛、桦太岛、南洋诸岛等地生活，在1945年第二次世界大战日本战败之后，被迫撤回到日本列岛的日本人。"退役军人"则指结束兵役后回到日本的日本士兵。

我们先来看看位于福岛市的"饺子街"。（以下内容源自《福岛民友》2015年9月13日的报道《战后70年回忆之饮食篇（1）圆盘饺子》）

第五章 "B级美食"来自哪里？

圆盘饺子是福岛市代表性的地方美食。饺子煎得焦黄，排放在圆盘中，像是在盘中画了一朵美丽的大花。这样的圆盘饺子由菅野胜惠带到日本，胜惠女士1953年（昭和二十八年）从中国东北（伪满洲国）撤回到日本，现已经故去。胜惠女士是福岛市的老字号饺子专卖店"元祖圆盘饺子满腹"的创始人。"满腹"的现任店主椎名幸嗣先生（60岁）是饺子店的第三代传人。椎名先生是胜惠女士的孙女仁子女士（51岁）的丈夫，他在讲述胜惠女士的创业历程时说："福岛饺子的历史就是一部遣返民的历史。遣返民凭借饺子才得以安身立命，所以相较其他人来说，他们对饺子制作的要求倍加严格。"（中略）

第二次世界大战前，胜惠女士和当时做铁路技术员的丈夫政美（已故），曾在中国东北（伪满洲国）生活过。日本战败后，他们成了遣返民。为了养活儿子和因贫致病的、无业的丈夫，在被遣返回日本的当年，胜惠女士就凭一己之力在福岛市稻荷神社附近开了个路边摊式的移动居酒屋。在自己小小的居酒屋里，胜惠女士用别人给的推车和煤炉，用自己买的平底锅，开始制作煎饺出售。

据椎野先生说，胜惠女士在中国东北生活时，跟当地人学会了饺子的制作方法。在中国东北，水饺是主流饮食。当地人会把没吃完的水饺密密麻麻地排放在中式圆底炒锅里煎，煎好了反扣倒在盘子里端出来。饺子被煎得金黄的一面朝上，整齐地摆放在圆盘中，非常漂亮。胜惠女士回到日本后，便用平底锅做出了这种煎饺，并送给附近的邻居品尝。

胜惠女士最初在自己的居酒屋售卖煎饺的同时，还推出了烤鸡肉串和关东煮，但味道正宗地道的饺子很快引发了人们的关注，受到了大家的欢迎。胜惠女士用白菜、猪肉、韭菜、大葱、少量的大蒜和生姜等材料，费工费时调制的内馅非常美味。由于客人们点单时都说"其他不需要，只要饺子"，开店仅3个月后，胜惠女士的居酒屋便成了饺子专卖店。

20世纪50年代的稻荷神社周边，有很多遣返民们搭建的"棚户小店"（简易的临时搭建的小屋——引用者注），拥挤而杂乱，呈现出一派浓浓的自由市场景象。当时，棚户街上每天都会挤满了下班后的工薪族。价廉味美又分量充足的饺子加上一杯清酒，颇受平民百姓的青睐。一个平底锅一次可以煎很多个饺子，且金黄的煎饺看上去非常美味，强烈冲击视觉感观，所以圆盘饺子作为小酒馆的下酒菜很快在市内流传开来。后来，饺子店不断增加，且店家们还在切磋交流的过程中形成了各自独具特色的口味。

随着福岛市的发展，"满腹"饺子店也在不断发展：从起初的路边摊到固定场所的棚户小店，到现今在仲间町街开设的门店。2010年，以103岁高龄去世的胜惠女士，一直在店里工作到91岁，"满腹"饺子店因而一直保持着创业时的味道。

遣返民和饺子的关联，在部分遣返民的家庭内部里也有体现。例如，我曾经教过的一个宫城县的学生，他老家（该县柴田郡大川原町）的家人每年都会把饺子作为过年的年节菜。这名学生介绍的

第五章 "B级美食"来自哪里？

情况如下：

我们家在过年时会做很多饺子。因为我爷爷曾在中国东北（伪满洲国）生活过。我爷爷说：他和他的父亲在中国东北的时候，每逢有喜事都会吃饺子。所以，我们家一直保持着过年吃饺子的习惯。这里既有爷爷对当年的怀念，也有他的另一重意图，他希望后辈记住祖辈曾经在中国东北生活过。

（摘自选修我在国学院大学文学部所授课程的学生的课程报告，2008年8月）

这位学生的爷爷，在1937年时被当医生的父亲带去了中国东北，然后在洮南（吉林省白城市）上了小学。之后，随父亲辗转移居庄河、公主岭，住在公主岭时迎来了战争的结束。1946年被遣返时，从辽宁葫芦岛出发经由博多回到日本的老家宫城。

炸酱面

出自中国东北的炸酱面也是由遣返民带回日本的。

20世纪50年代在岐阜市，从繁华街的彻明町到金宝町一带有十几家餐饮摊点，其中有一家是中国东北遣返民经营的"炸酱面"小摊。其炸酱面的做法是在切成丁的猪肉里拌入一种生姜味十足的甜辣酱，然后将酱拌入面条（据岐阜市市民介绍）。

炸酱面店"白龙"的创始人也是中国东北的遣返民。"白龙"位

143

于岩手县盛冈市的樱山商店街，为盛冈的第一家炸酱面店。以"白龙"为开端，市内陆续出现了多家卖炸酱面的店。现在，炸酱面已成为盛冈的名特产品。

炸酱面专营店"白龙"的创始人是高阶贯胜。"白龙"的前身就是高阶先生二战后在盛冈市内摆设的炸酱面饮食摊。

《岩手日报》网站首页上设有"盛冈三大面巡礼"的版面[1]，该版面中记载了如下内容：高阶贯胜先生在1991年去世，享年82岁。他是第二次世界大战前移民至中国东北（伪满洲国）的，二战后，在20世纪50年代初被遣返到妻子的出生地盛冈。他在盛冈先摆摊做了一两年左右的手工水饺。到了1953年，他"可能是忘不了在中国吃的炸酱面的味道吧，就用做饺子皮剩下的面粉制作面条，再自制酱料，然后提供给来自己饮食摊吃饭的客人品尝"。后来，他在樱山再生市场（现在的樱山商店街）内开设了自己的炸酱面店，这个店就是现在的"白龙"的前身。

别府冷面

近年来，"别府冷面"作为大分县别府市的B级美食备受瞩目。仅在2010年，别府市内就有超过二十家的饮食店推出了冷面。别府冷面的出现也与遣返民有关。

1946年，朝鲜人金光一（1924年生于全罗道，少年时期就去了中国东北），与从中国东北撤回别府的日本妻子（生于别府）一

---

1 http://www.iwate-np.co.jp/men/jaja/jaja-top.htm，2009年2月14日阅览。

第五章 "B级美食"来自哪里？

起回到别府。他们在海门寺市场（由海门寺公园的自由市场重建而成）的一角，开了一家叫"阿里郎食堂"的店面，推出了冷面。这就是别府冷面的起源。然而，金氏不久就因成为"在日朝鲜人团体"[1]的专职活动家而放弃了店铺，但冷面的传承谱系却从未中断过。

金氏在奉天（现名沈阳）曾经营过夜总会，松本一五郎（生于久留米市）当时是其夜总会里的一名工作人员。松本撤回日本时，随金氏一同移居别府，并受金氏所托，负责"阿里郎食堂"的烹饪工作。金氏的店面关张时，松本便独立出来，开了一家名为"大陆"的拉面店。这家店的主打菜单是冷面。同时，向松本先生拜师学艺的人在市内也开了多家拉面店和冷面专卖店。就这样，冷面在别府市内普及开来。别府有很多来自中国东北（伪满洲国）和朝鲜的遣返民，他们对冷面的怀念也是冷面得以普及的原因之一。后来，金氏在1964年时，重新开张了一家烤肉店。这家店就是现在的"春香苑"。

追本溯源，别府冷面的起点是"海门寺"，这一点饶有兴味。

日本战败时，从别府港（现在梦想城的位置）到别府车站之间的街区，因为战争末期被指定为疏散地，政府拆迁后，便成了空地。战后，遣返民、战争受害者、在日朝鲜人等，在这个疏散地所

---

[1] 指1945年成立的"在日朝鲜人联盟"，为"在日本朝鲜人总联合会"的前身。——译者注

在区域搭建了许多板房，形成了一个黑市市场[1]。其中，特别是海门寺公园附近，被称为"别府卡斯巴""魔窟"，被认为是一个"感觉难以接近的场所"。

鬼冢英昭是一位生在别府、长在别府的作家，他如此描述海门寺公园附近的情况。

从关西流窜过来的小西组、从中国大陆撤回的部分无业人群……虽然我觉得用这些词来称呼他们有些不太恰当，但当时就连警察也称呼他们为一群亡命之徒。再加上一部分从日本殖民地解放的人[2]，他们与日本原有的暴力团伙混杂交错在一起。于是，在别府出现了一张奇特的暴力组织成员分布图。有流窜的赌徒、江湖骗子、落魄的遣返士兵、右翼、部分过于偏激的日本共产党。

（鬼冢英昭：《海之门——别府剧场哀愁篇》，私家版，2002年）

已故的檀上荣先生是别府当地报纸《今天新闻》的创始人，他

---

1 黑市是指在计划经济体制下，脱离统配进行自由买卖的市场。第二次世界大战之后，在全日本出现了大量的黑市。当时，由于物资不足，物价和物品的购买数量由政府决定。这种制度被称为"配给制度"。但是，"配给制度"根本满足不了人们对食物等生活必需品的需求。为了生存下去，人们只能寻找"配给制"之外的途径。能够满足人们这种需求的市场就是黑市。黑市通常是路边摊或是简易板房的集合体，大多出现在车站的站前广场、空袭造成的废墟空地、两股道交叉处形成的三角形空地、路边、神社或寺庙等。
2 指1945年日本败战后从日本的殖民地统治中解放出来的该国人士，这里特指来自朝鲜半岛的人。

也是战后作为遣返民来到别府的人。我在做田野调查时曾问过他，日本战败后，别府的情况是怎样的。他是这样回答的：

> 别府车站前繁华街的中央和海门寺公园里，挤满了遣返民和在日外国人。这一带从战前开始就没有什么有权有势的人。移居者和遣返民们想必因此觉得此地宜居，所以纷纷涌进别府。

从这些讲述和以上引用来看，海门寺公园周边似乎具备"阿齐尔"（Asile）的特征。

阿齐尔（Asile）是指"避难所""收容所""隐蔽处""圣域"的意思（原本是希腊语），作为学术用语，可以定义为"非特定多数人聚集的圣地、一种与主流社会保持有一定距离的生活空间"（岛村恭则：《别府和伊东——成为"阿齐尔"的温泉都市》，《关西学院大学尖端社会研究所纪要》五，2011年）[1]。

在这种包括遣返民在内的外来者的混沌的生活状况，以及具备阿齐尔特征的生活空间中，别府冷面登场了。

远野的成吉思汗烤肉

岩手县远野市因柳田国男的《远野物语》而闻名遐迩。出生于

---

[1] 关于"阿齐尔"（Asile），奥井智之在《作为阿齐尔的东京——日常中的圣域》（弘文堂，1966年）一书中有详细描述。本文中我所说的阿齐尔，是对该书中"非特定多数人聚集的圣域"的定义的发展。

远野、就读于早稻田大学的青年佐佐木喜善给柳田讲述了发生在远野的各种各样的故事及传说，柳田将这些听来故事汇集成书，并于1991年出版发行。这便是鼎鼎有名的《远野物语》。

《远野物语》的开头所说的"愿广述其事，使平地人战栗"，在本书序章中有所提及。

现在在远野，成吉思汗烤肉（烤羊肉）是远野特产之一。远野市内有三家成吉思汗烤肉专卖店，且市内的所有以提供肉食为主的餐饮店都卖羊肉。

顺便说一下，在《远野物语》中并未提及"成吉思汗烤肉"这道菜。因为在《远野物语》的成书年代，远野特产"成吉思汗烤肉"尚未出现，所以书中自然不会提及。

远野的烤羊肉的历史可以追溯到1955年（昭和三十年）。安部梅吉（1913—1995）是成吉思汗烤肉专卖店"安部商店"的创始人，战后他曾在远野市的一日市一边经营一家肉食店，一边在肉食店隔壁开了一家中华荞麦面店。在这家中华荞麦面店的菜单上，1955年时第一次出现了烤羊肉，这就是远野"成吉思汗烤肉"的起源。

那么，为什么"成吉思汗烤肉"会成为远野的名产呢？首先，远野市在1923年（大正十二年）饲养了16头"绵羊"（远野市史编修委员会：《远野市史》（4），远野市，1977年）。第二次世界大战后，为了获取作为衣料资源的羊毛，"家家都养两三头绵羊，到1965年左右，远野市开设了绵羊拍卖市场，并举办修剪羊毛的讲习会"。(《中山区等地关于绵羊的饲养和利用以及地域振兴等的调

查报告书》Ⅱ，公益社团法人畜产技术协会，1999年）

但在当时，据说除了饲养绵羊的一部分农家外，吃羊肉的习惯并没有普及[1]。

在这种情况下，战前在中国东北（伪满洲国）从军，在当地吃过羊肉的安部，想到了用绵羊肉做"成吉思汗烤肉"料理。

一开始客人还很难接受羊肉，但后来由于羊肉价格比较便宜，食用羊肉的人渐渐增多。而且，安部的肉食店还零售羊肉，并租借煤炉给购买生羊肉的客人，以方便他们自己在家烤羊肉。同一时期，其他提供肉类料理的餐馆也开始售卖羊肉了。

由此，羊肉逐渐在远野市民之间普及开来。现在的远野人每逢过年过节或重要场合，比如忘年会、新年会、棒球大会等等，都会去吃烤羊肉。

然而有趣的是"烤羊肉桶"的存在。"烤羊肉桶"是一种用来烹饪的白铁皮桶，由上文提到的安部先生于1969年发明。桶里面放入固体燃料，上面放上烤羊肉的铁架，桶壁上开几个洞作为通气

---

[1] 从整个日本来看，吃羊肉的历史可以追溯到战前。佐佐木道雄在其著作《烤肉文化史》（明石书店，2004年）一书中详细探讨了"成吉思汗烤肉"历史。据书中记载，以1875年在下总御料牧场引入羊进行养殖为开端，在日本国内逐渐全面推广绵羊饲养。同时，也开始尝试将羊肉作为食用肉。另外，有记录显示，1918年在札幌的月寒地区制作过"成吉思汗烤肉"料理（不过，现在在北海道，烤羊肉虽然很盛行，但这种情况是在第二次世界大战后发生的）。还有，在20世纪30年代的东京也已经有烤羊肉店存在。据说"成吉思汗烤肉"这一名称来源于曾经住在北京的一名日本人，他在1910年左右接触到当地的羊肉料理"烤羊肉"，并将其命名为"成吉思汗烤肉"。

孔。之前，安部商店向客人出借煤炉，但在返还时煤炉遭到损坏的情况经常发生。于是，安部先生便开发了这种不易破损、成本低廉的烤肉铁皮桶。后来，随着市内的五金店将其商品化，市民可以买到这种烤肉桶，拥有家用烤肉桶的家庭越来越多。可以说，烤肉桶是远野的现代民具之一。

图10 烤羊肉铁皮桶

芦别的疙瘩汤（gatatan）

北海道芦别市餐馆推出的名为"疙瘩汤"的中式料理，也是由遣返民带回日本的。

"疙瘩汤"是以猪骨汤或鸡汤打底，加入蔬菜、猪肉、鱼糕、鸡蛋等勾芡做成的浓汤。村井丰后之亮是一位由中国东北撤回日本的遣返民，他在芦别车站前开设了一家叫"幸乐"的餐馆，餐馆的菜单就有"疙瘩汤"这道美食。现在，在芦别的餐厅里，源于中文的"疙瘩汤",一般被标记为日语汉字词语"含多汤"。据说中国东北的家庭餐桌上都会有这种汤。

芦别市市立星降村百年纪念馆馆长长谷山隆博调查了疙瘩汤在日本的发展史。他介绍说,村井丰后之亮于1897年出生于爱知县宝饭郡蒲郡町(现在的蒲郡市),二十几岁的时候去了中国东北。后来在旅顺学习自来水技术,然后任职于新疆公务所(伪政府),担任自来水总工程师,曾经有50名部下。

村井氏于1946年撤回到日本,其在新疆任职时的上司是札幌人,是三井建设公司的高层领导,该领导看重村井作为自来水工程师的技术,聘请其去三井建设工作。于是村井应聘来到北海道。后来又为了在人口激增的芦别市从事自来水工程而移居芦别。1955年左右,他在临近退休前从三井建设辞职,入手了一间车站前繁华街上的二手房,开了一家名叫"幸乐"的中餐馆。开店伊始,在菜单上就有一道"含多汤"(疙瘩汤),这道含多汤作为醒酒汤广受好评。

村井氏于1980年关闭了幸乐店。但之前在幸乐工作的员工,以及曾跟在村井身边学习烹饪的人,在各自开的餐馆里都会提供疙瘩汤这道美食。现在芦别市内有超过十家的餐馆卖疙瘩汤。此外,随着近年B级美食热的兴起,当地观光协会等开始积极宣传疙瘩汤,连北海道的媒体也开始大量报道。

室兰的烤串

从以上的记述中可以看出,B级美食的本体——"俗美食"的由来与遣返民、退役兵、摊贩、黑市有着密切的关系,但并非所有的"俗美食"都是因此形成的。

比如,北海道室兰市的"室兰烤串",就是作为钢铁工人们的习俗食品发展起来的。

2019年,我在指导本科三年级学生的研讨课时,要求学生们在室兰市进行田野调查。与第三章介绍的小樽市的调查相同,每一名学生各自设定主题,各人根据自己的课题进行5天的走访调查。

其中一个学生对"室兰烤串"进行了调查。他走访了室兰市内4家烤串店,其中一家叫"鸟吉"的店被认为是"室兰烤串"的起源店。当时学生对这家店进行走访调查时,我也同行了。下面介绍一下这名学生的调查报告(岩渕香奈:《劳动者的城市室兰的烤串》,2019年关西大学院大学岛村恭则研究室社会调查报告书)的内容以及我的采访记录。

现在室兰市内有60多家烤串店。其中,"鸟吉"开店最早。据说使用室兰特有的猪肉制作"烤串"[1],也是源于这家店。

"鸟吉"的现任店主是小笠原光好,其父亲小笠原连之助(生于室兰)以前曾在室兰当印刷工。1933年的一天,连之助先生去带广出差,当时他住的旅馆附近有一家叫"鸟吉"的烤鸡串店,店里卖的"烤鸡串"是用猪肉做的。

带广有军队驻扎,部队食堂的剩饭泔水饲养了很多猪。猪皮被

---

[1] 日本的烤串通常以鸡肉等禽类肉为主。——译者注

第五章 "B级美食"来自哪里？

加工成军靴，猪肉和内脏作为食材，不仅在军队中被食用，还有一部分在带广市内的菜场上售卖。猪肉制成的"烤鸡串"大概就是顺应这一潮流而诞生的。

当时的室兰不用说猪肉了，连以鸡肉为原材料的烤串店也没有。连之助觉得"这是个商机"，于是就去带广的那家店学习做烤串。他回到室兰后，摆摊售卖猪肉和野鸟肉的烤串。

开始的几年他都是摆摊卖烤串，直到1937年才在人来人往的轮西开了一家属于自己的店。这家店就是现在"鸟吉"的前身。开店后，连之助将店面交由妻子初代打理，自己继续经营烤串摊点。

店里的菜单上虽然也有禽类，但是因为野鸟有季节性，而鸡肉的价格又很高，所以烤串的食材以猪内脏和猪瘦肉为主。

因为战争的缘故，这家店在1943年到1946年间停业了3年，1946年重新开张后一直持续经营至今。二战后不久，连之助就去世了。在这之后，妻子初代靠卖"烤串"，养大了5个孩子。

"室兰烤串"的特点是：除了使用猪肉以外，还使用洋葱和芥末。在"鸟吉"店中，原本一直是使用大葱的，但后来因为洋葱便宜、性价比高，所以，到了20世纪50年代后，洋葱便取代了大葱。

"鸟吉"一直以来的烤串蘸料是胡椒粉，加洋芥末[1]的习惯是从其他店开始的。但因为有来店的客人说希望加洋芥末，于是在20

---

1 指mustard这种黄芥末。——译者注

世纪 50 年代,"鸟吉"也开始添加洋芥末为蘸料。

在"鸟吉"的客人中,很多都是钢铁厂及其关联企业的工人。在钢铁厂工作的工人实行"三班倒"工作制,即从上午 7 点到下午 3 点、从下午 3 点到晚上 10 点、再从晚上 10 点到第二天早上 7 点的三个班次。工人们一批批下班后从钢铁厂的员工通道出门,来到轮西的商业街,在烤串店和小酒馆吃饱喝足后回家。进入平成时代(1989 年为日本的平成元年)时,"鸟吉"店所在的街道上大约有十家烤串店。根据从上午 7 点到下午 3 点、从下午 3 点到晚上 10 点这两个班次工人的下班时间,"鸟吉"设定的营业时间是下午 3 点到晚上 11 点。

经常光顾"鸟吉"的工人们以烤串为下酒菜,边喝酒边聊当天公司里发生的事情,或发发牢骚。上司有时也会指出部下所犯的错误,但在酒桌上说过便作罢了,最后,上司会为大家买单。大家会干劲十足地说,不要把过错和负面情绪带到第二天的工作中去,第二天的工作大家一起加油!可见,对于当时的工人来说,烤串店和居酒屋是同事之间进行交流的重要场所。

这样的"烤串"世界对于室兰的钢铁工人来说是理所当然的,"烤串"是他们的最爱。但直到进入 2000 年以后,"室兰烤串"才逐渐为世人所知。根据"全国烤串联络协会"的网站[1]记载,2000 年时,有一个电视节目报道爱媛县今治市烤串时,介绍了今治市每万人中

---

1 http://www.dokidoki.ne.jp/home2/donnokai/yaki/muroran.html,2008 年 8 月 1 日阅览。

第五章 "B级美食"来自哪里？

烤串店的数量比例。室兰市民看到后，觉得室兰的烤串店数量应该更多，便向市政府咨询，于是室兰市宣传科对室兰烤串做了现状调查。杂志《宣传室兰》在2000年11月号上发表了一篇文章，发布了这次调查的结果（2000年当时，室兰市平均每1万人口就有6.4家店）以及与"室兰烤串"相关的种种情况。此后，室兰的烤串被媒体争相报道，室兰也因有"烤串街"而声名鹊起。

味噌酱炒乌冬

三重县的龟山市在江户时代因有驿站而繁荣，而现在龟山市的中心区域就是当时东海道的驿站（龟山宿）。第二次世界大战后，龟山市成了交通要道，国道一号线、名阪国道、东名阪公路、伊势公路、新名阪道路都经过龟山市区。

其中，尤其是国道一号线的存在，使龟山产生了一些独特的"俗美食"。我的研讨班的一名学生以龟山的地方美食为主题撰写了毕业论文。论文题目为《味噌酱炒乌冬和猛烈红茶——卡车司机创造的龟山周边的饮食文化》（藤本拓也：2014年关西学院大学岛村恭则研究室毕业论文）。以下，我将以该论文的内容为基础，介绍龟山的地方美食。

1952年，日本政府指定原为东海道的那条路为国道一号线，并对其进行道路整修。在1959年国道一号线开通投入使用后，道路沿途相继出现了各种司机餐厅和路边餐馆。比如，1958年开业的"龟山食堂"，1961年开业的"龟八食堂"，1963年开业的"龟豚食

155

堂""上田食堂""司机安全餐馆"等。

在1995年国道一号线的龟山绕城公路开通以前，去上述食堂、餐馆就餐的客人中，有很多是开长途卡车的司机。从东北的青森到九州的鹿儿岛，他们来自全国各地，尤以大阪、静冈的居多。

许多司机从前一天或者当天早上出发就一直驾车，到达龟山后，会在食堂或路边餐馆吃午饭。为了避开白天的拥堵，饭后会在停车场小睡5～6个小时。继而在下午2点左右再次出发去目的地。在手机闹铃普及之前，店里的人会在餐馆的黑板上写下每位司机的车牌号和叫醒时间，然后根据黑板上记录的时间唤醒司机。

在手机普及以前，司机们和自己的同事或其他运输公司的司机，通常通过CB无线电台（参照第三章）取得联系，很多时候，他们会一群人约好了一起进某个餐馆用餐。而具体去哪家餐馆吃饭，则大多由伙伴们轮流决定。这样的碰头见面，一般每周会有两三次。

昭和时期（1925—1989），由于法律规定比较宽松，酒后开车及在路边违停等对司机们来说是家常便饭，而且他们之间还经常会发生肢体冲突。对于吵架或打架，他们之间有不成文的规定，比如"一定要在店外进行""不得使用酒瓶、椅子等物品，不使用工具，用拳头来决胜负"等。

司机们在餐馆经常会点能增强体力的"味噌酱烤内脏"吃，但

第五章 "B级美食"来自哪里?

不知从什么时候开始,流行在烤内脏里加入乌冬面[1]。

据说有一家餐馆,当店员把作为主食的乌冬面放进烤内脏这道菜里时,乌冬面吸收了内脏的美味,非常好吃。于是,作为烤内脏的追加菜单,这家店开始提供乌冬面。这种吃法得到司机们的一致好评,于是,他们在去其他店吃烤内脏时也要求追加乌冬面。为此,很多店都会准备追加用的乌冬面。后来,这种吃法不只是在龟山一地盛行,还沿着滋贺、三重两县的国道一号线蔓延开来。

进入21世纪以后,龟山为了推动地区振兴项目,大力宣传"B级美食——龟山味噌酱炒乌冬",并开展相关的地区振兴活动。而"龟山味噌酱炒乌冬"就是从上述"味噌酱烤内脏追加乌冬面"中得到启发而新创作的料理。

2008年,龟山市开展了市民和政府合作推进的地区经济振兴活动。负责该项活动的市政府职员A氏,提议学习静冈县富士宫市的做法,也用B级美食来推进地区振兴。当时富士宫市就是通过宣传推广B级美食"富士宫炒面",成功开展乡村振兴活动的。同属市政府职员的B氏,赞同A氏的观点,他提议将"味噌酱烤内脏追加乌冬面"改造为"龟山味噌酱炒乌冬",加以推广。

---

[1] 据说,在龟山烤制内脏时率先使用味噌酱的是村主荣女士,村主荣女士曾自己开过一个名叫"小龟食堂"的餐馆,她也是"龟八食堂"创始人的母亲。村主一家在二战前一直在名古屋生活,荣女士在当地遇到一家餐馆做"烤内脏(猪肠)"时,使用了味噌调味酱。受此启发,荣女士调制出了有自己独特味道的味噌酱。在龟山使用的味噌酱就是源于这种味噌酱(根据藤本拓的访谈记录)。但关于味噌酱的具体制作方法,龟山的各店都有自己的诀窍。

于是，志愿者们立刻聚集起来，开始试制"龟山味噌酱炒乌冬"。为再现"龟八食堂"的味噌酱，他们进行了反复的研究。结果发现，在桑名（三重县北部的市）的红味噌中加入烤肉酱、豆瓣酱、日本酒、猪油，放置两三天，使之充分混合后，就可得到接近龟八食堂味道的味噌酱了。

因为研制出了味噌酱，他们便开始在龟山市举办的艺术节和农协祭等活动中的展位，推销"龟山味噌酱炒乌冬"。

一年后，"龟山味噌酱炒乌冬'B级美食推广活动会'"（简称"B活会"）成立。该组织与龟山市内的餐饮店进行了谈判，要求店家将"龟山味噌酱炒乌冬"加入他们的菜单中。于是到2009年的夏天，市内约有十家餐饮店将"龟山味噌酱炒乌冬"列入菜单中。

这里有一点需要提醒大家注意一下。"龟山味噌酱炒乌冬"这道菜的做法，是从一开始就将内脏、猪肉和乌冬面混合在一起炒，炒好了端给客人。而与之相对，过去以卡车司机为服务对象的餐厅，则是为客人提供了"味噌酱烤内脏"这道菜，可以在菜里再追加乌冬面，这种吃法也一直持续到今天。而以后者的方式推出乌冬面的店，从未将这种吃法称为"龟山味噌酱炒乌冬"。也就是说，"味噌酱烤内脏"是孕育了"龟山味噌酱炒乌冬"的母体，两者并非同一道菜。

2009年，B活会开始考虑参加所谓的"B-1大奖赛"。同年夏天，B活会去冈山县津山市考察"津山内脏炒乌冬"，那里是以B级美食振兴地区经济的先锋。B活会还将小组名称变更为"龟山味噌

第五章 "B级美食"来自哪里？

酱炒乌冬总号",为"龟山味噌酱炒乌冬"设计创作了吉祥物"小龟酱",并委托生于龟山市的创作歌手美希子创作了"龟山味噌酱炒乌冬歌"。

经过这样的准备后,"龟山味噌酱炒乌冬"在县内各地的活动中频频出现,并成功吸引了媒体的关注。2011年,"龟山味噌酱炒乌冬"获得了"B-1大奖赛"的出场资格,在"2011中日本•东海B-1大奖赛in丰川"大赛上获得了金奖。以此为开端,"龟山味噌酱炒乌冬"继而又参加了全国区的B-1大奖赛。比如,"第六届B-1大奖赛in姬路"(2011年)、"第七届B-1大奖赛in北九州"(2012年)、"第八届B-1大奖赛in丰川"(2013年)等,进一步扩大了"龟山味噌酱炒乌冬"的知名度。

现在,龟山市内约有30家餐饮店提供"龟山味噌酱炒乌冬"这道菜品,超市等卖场也有"龟山味噌酱炒乌冬"的成品出售[1]。

猛烈红茶

龟山市还有另一道值得关注的"俗美食",那就是诞生于国道一号线的"猛烈红茶"。关于"猛烈红茶"的相关情况,这里还是根

---

[1] 我还想指出的是,企业开发的产品,一旦融入人们生活后,会发生"俗化"现象。例如,在美国民俗学中经常引证的一个事例,就是关于饼干"奥利奥"的吃法。在日常生活中,人们是将"奥利奥"饼干"泡在牛奶里吃"的。这样的吃法成了大众化的习惯,是企业方没有预测到的。可以说,作为商品的奥利奥被"俗化"了。不过,即使在这种情况下,企业方也马上接受了这种大众化吃法,并在官方网站上将之作为"奥利奥的新吃法"加以推介。从这里,我们不难发现市场营销和大众习惯的连锁关系。

159

据前文提到的藤本拓也的毕业论文来进行介绍。

在旧国道一号线沿线，有一家叫"橙黄白毫"的茶馆。该店的菜单上列有一款叫"猛烈红茶"的红茶。茶汤的颜色黑乎乎的，外观上看起来就是很浓很酽的红茶。盛茶水的杯子上写着"消除睡意的猛烈红茶——龟山特产红茶"。

在这个位于国道沿线的茶馆店中，出名的为什么是红茶，而且是"猛烈"红茶呢？

龟山一带从江户时代开始就因产茶而闻名。现在虽然也大量生产绿茶，但自第二次世界大战后，龟山已然成了日本屈指可数的红茶产地。

推动龟山红茶发展的关键人物，是龟山出身的川户勉，他曾在日据时代的中国台湾从事过红茶生产，并担任过厂长一职。1949年，川户先生回到了家乡龟山，开始在家乡生产红茶。由三井农林和日东红茶共同出资，成立了川户经营工厂，川户先生在那里致力于红茶品种的改良。

1951年，川户先生改良的茶叶品种在日本全国茶品品鉴会上获得二等奖。投放伦敦市场的茶叶样品也获得了很高的评价。因此，三重县开始为该品种的茶树栽种提供苗木补助费，在龟山周边，经川户先生改良过的茶叶品种的栽培迅速普及开来。到了1953年，该红茶品种被农林省登记为"茶农林1号"，并被命名为"红誉"。

川户先生在培育出"红誉"后，于1968年在"驾驶安全餐馆"

（现在的驾驶安全文化村）中开设了一个咖啡角。这里提供的红茶很浓烈，咖啡因含量也高，正好可以帮助司机们提神，所以备受司机们的好评。不知从何时起，这种红茶开始被称为"猛烈红茶"，意思是这种红茶可以"猛烈地驱散睡意"。

"猛烈"一词是日本1969年的流行语，最初是由女演员兼歌手的小川罗莎在电视上的汽油广告中使用的。在广告画面中，当疾驰的汽车卷起的风，掀起了她的裙子时，她大声喊道："Oh，太猛烈了！"

川户先生在1976年开了一家名为"橙黄白毫"的茶馆。"橙黄白毫"茶馆和路边餐馆一样，成为卡车司机经常光顾的地方。当然，"猛烈红茶"是其主打饮品。

后来，这家店还推出了"耐力红茶"和"白兰地红茶"。"耐力红茶"是在红茶中加入"蜂蜜柠檬"，"白兰地红茶"则是在红茶中加入白兰地（因2000年左右政府管制酒驾，"白兰地红茶"已从菜单中被删除）。此外，店内也销售"红誉"茶叶。

以上只是我所调查到的"俗美食"世界的一部分。每个人都生活在自己所处的时代、地区，以及社会的现实中。"俗美食"大多是从这样的现实生活中形塑而出的，而非通过市场营销和商品开发产生的。

不过，也有不少"俗美食"很快被商品化，或者成为地区经济振兴的王牌产品。这种现象的典型事例，便是"俗美食"的"B级美食"化。

但我还是要再重复一遍：早在市场营销和商品开发之前，"俗美食"就已经产生，并存在于人们的生活中了。

专栏②

为什么会在除夕夜吃"年节菜"[1]呢？

有一年年末，在我的研讨课上，以"新年习俗活动"为课题进行讨论时，一个北海道出身的学生说："我们家是在除夕晚上吃年节菜的。""年节菜"居然不是在新年到来的那天吃，北海道的这个习俗令参加这次讨论的其他学生都觉得不可思议。事实上，在日本的北海道和一部分东北地区，在除夕夜吃年节菜是件很平常的事。

为什么会在除夕夜吃年节菜呢？这跟"一天的起点从什么时候开始算"有关。也就是说，这与"除夕的结束和元旦的开始的时间节点"有关。

现在在日本，通常将午夜零点作为新的一天的开始时间。自从古代日本引进中国的历法以来，日本一直沿袭这种日期分割法。但同时，日本民间也广泛存在着以其他时间点来切分日期的观念。

江户时代，除了按照从①子时（午夜零点）开始开启日期变化的官方日历制以外，民间还存在②"以日出时间作为一天的开始"，

---

[1] 指日本人在庆祝新年时吃的一种传统菜肴。无论是自家做的还是买现成的，一般都会合装在被称为套盒的讲究的盒子里。所用的各种食材都含有寓意，寄托了人们希望家人健康、家庭幸福，以及子孙兴旺等的美好愿望。——译者注

第五章 "B级美食"来自哪里？

也就是说"两次日出之间的时间是一天"的想法。此外，还有一种观点③"以日落时间作为新的一天的开始"，也就是说"一个日落到下一个日落之间的时间为一天"。

民俗学的调查研究验证了上述第三种说法的广泛存在。比如，日本的一些古典文献记载为"今夜"的时间，实际是现代日语中所指的"昨夜"。我们在《今昔物语》（平安时代末期的作品）等古典作品中可以找到很多这样的例子。而且，日本现代方言中也有将现代标准语中的"一昨夜"（现代语译：前天晚上）称为"昨天晚上"的例子。甚至，世界上其他地方也存在着"日暮是一日之始"的事例，比如在中东诞生的伊斯兰教、犹太教、基督教的历法等。国外的事例虽然与日本没有直接的关联，但由此可以看出第三种说法的普遍性。不仅如此，在中国的历法制度（一天的开始是午夜零点）传入之前，第三种观念是日本社会所共有的对时间的认知，在中国历法传入后，日本民间依然存在着这样的习惯认知。即便是进入近现代后，特别是在农村，第三种时间观依然保持着旺盛的生命力。（南方熊楠：《往古通用一日之始》，《南方熊楠全集》（4），平凡社，1972年；平山敏治郎：《岁时习俗考》，法政大学出版社，1984年）

通过上述说明，我们解开了"除夕夜的年节菜"之谜。现代的历法制度，即第一种观点，认为在除夕夜吃的年节菜是"除夕晚上的年节菜"，而第三种想法则会认为是"新年晚上的年节菜"。因为从第三种习惯性时间认知来看，12月31日的日落之后就是新的一年的开始，即时间已经切换到1月1日。所以，第一种想法认为

163

的除夕晚上，是第三种想法认为的新年晚上。

在北海道（人口多为来自日本东北地区移民的子孙）和日本东北的部分地区所流行的"除夕夜"（根据①）吃"年节菜"的这种新年习俗活动，反映了在日本列岛传承下来的日本古代时间观（③）。

第六章　水上人家

香港的水上餐厅

在香港仔（位于香港南区）有一家名叫"香港仔珍宝王国"的巨型水上海鲜餐厅。这是一座漂浮在水面上的大型宫殿式建筑物。人们从陆地乘船前往这家富丽堂皇、流光溢彩的餐厅。因为这家海鲜餐厅被编入香港旅游的固定推荐行程中，所以想必应该有不少人去过。

为什么那里有水上餐厅呢？因为香港仔是香港最大规模的水上生活者的居住区域。

水上生活者是指在陆地没有房子，以船为家的水上人。他们原本是渔民，生活形态多种多样，或以船为营生工具，从事水上运输业、开水上店铺；或只是将船作为居住场所；等等。

在香港，这样的水上生活者的居住地区有好几个。其中，最大的水上居民家园是香港仔。香港仔位于香港岛的南侧，香港仔与鸭脷洲之间的内湾就是避风塘（台风时的避难港。顺便说一下，在日本有几家名为"避风塘"的中华料理店，店名便是取自地名的避风塘）。水上生活者一般将船只停泊在避风塘。1967年时停泊在避风塘的船只数量就有1630艘（可儿弘明：《香港的居民——中国社会史的截面图》，1970年）。

水上餐厅起源于20世纪20年代水上居民召开宴会时使用的一艘名为"歌堂趸"的船。到了20世纪50年代，这艘船被改造成了"海鲜舫"，开始接待岸上的食客。现在，起源于"歌堂趸"的"珍宝王国"海鲜舫，已成为香港的名胜之一，吸引了众多游客前来游览就餐。

根据中国香港特区政府的政策，包括香港仔在内的香港各地的水上生活者，已经不再以船为家，而是搬到了岸上的公寓里生活。但在中国的广东省、福建省、浙江省等沿海地区，以及内陆的河川、湖沼等地，现在仍然还有少量以船为家的水上生活者。

当然，水上生活者并不仅存于中国，事实上，在日本也曾经有很多人生活在水上。并且，仔细探查的话，我们会发现日本现在也依然有水上生活者。

在本章中，让我们来一窥作为"俗"而存在的水上居民的生活世界吧。

家船的生活

在进入20世纪60年代前,日本也有以船为家的渔民。在长崎县他们被叫作"家船",在濑户内海他们则被称为"住船""打濑"[1]"手缲网"。民俗学中把这些人总称为"漂海民"或"家船"("家船"原本指代"船",在民俗学中,"家船"一词也指把"家船"作为住所的"人")。

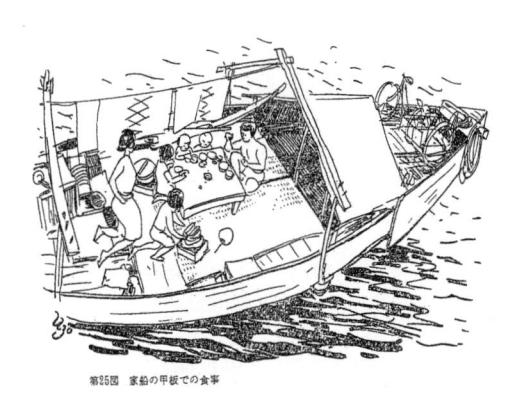

图11 在甲板上吃饭的家船生活者
(西山夘三:《日本的住宅》Ⅱ/NPO 西山文库)

他们一般一家人驾着小船沿海移动捕鱼,但也并非与陆地完全没有关系,他们通常会固定一个停泊场所作为据点。丈夫捕获的鱼由妻子在船舶停靠据点旁边的岸上卖掉,用卖鱼所得的钱筹措淡水和食物。他们在据点的岸上沐浴清洗,在据点的岸上墓地安葬去世

---

1 "打濑"的汉译为"囊式拖网"。——译者注

的亲人（虽说在海上生活，但并没有水葬的习惯）。而且，过年过节的时候，他们一定会回到据点。日本从明治时代（1868年为明治元年）开始普及学校教育，政府为了让船民的子女在岸上上学，在每个据点区域都设立了被称为"学生寮"的寄宿制宿舍。

长崎县的旧大村藩、旧平户藩域，大分县的臼杵市，广岛县的尾道市、三原市、竹原市、吴市等地都有这样的据点。濑户内海沿岸，特别是在"能地"（位于三原市）这个地方，就有一个大型据点。能地的据点像是个总部，由能地开始，从濑户内海到九州东岸的各地都设立了类似于分部的小据点。小据点的数量竟然有一百多个。而且，现在看起来像是定居型渔村的地区，有的原本就是家船的据点。比如，福冈县宗像市的钟崎，就是这样的渔村。此外，长崎县的一岐和对马，石川县的轮岛市等地也有这样的渔村存在，它们与福冈的钟崎遥相呼应。

渔民的捕鱼方法因地区而异。在长崎县，渔民们经常通过潜水来捕鲍鱼，或者用鱼叉叉鱼。而在广岛县，捕鱼方法因渔民所聚集的据点的不同又各有区别，有进行小型网捕的地方（三原市能地），有进行延绳捕鱼[1]的地方（竹原市二窗），也有进行延绳捕鱼加上单杆钓鱼的地方（尾道市吉和）等。

家船的历史起源尚不明确。一部分人可能是古代的海人族或日本中世海盗的后裔，也有在各个时代因为各种原因从陆上转向

1　用垂在干线上的支线上的鱼钩捕鱼的方式。——译者注

海上生活的人。比如，第二次世界大战结束后，居住在日本占领区的日本人因战败撤回国内。这些人与日本国内因军需景气终结而失业的人一起，成了尾道市据点的"新家船"（筱崎道雄：《濑户内海家船的故事》，《渔村》18—11，1952年）。此外，也有人认为能地的家船是纪州杂贺崎（和歌山市西南部的小渔港）的渔民在中世迁移而来的（河冈武春：《海之民——渔村的历史与民俗》，平凡社，1987年）。

行商船和货运船

家船中也有行商的船。船家装载着农作物、陶器、木屐等四处叫卖。明治时代以后，也有不少人购置了帆船、机帆船（带动力的帆船），转而从事石材、煤炭、钢材的运输业。比如，大分县臼杵市的津留（地名）家船转型从事了煤炭运输业，他们从筑丰煤田的煤炭装运港——若松港，将煤炭运送至大阪。后来，在20世纪60年代煤炭时代结束后，他们又在海运上寻得了谋生之道。

民俗学者厚香苗采集到津留的盂兰盆会舞歌[1]领唱者所唱的歌词，歌词中再现了当年行商船的情形。

船上满载着各种货物，有海鲜干货、海带及裙带菜、陶质的碗

---

[1] 盂兰盆节是指农历七月十五日的节日，也称盂兰盆会、中元节。由隋唐时期的中国传入，后与日本民俗结合，成为日本的传统节日。在盂兰盆节期间，日本各地夜间都会有盂兰盆舞表演。一般会在广场中间立个高台，高台上面有人带头唱歌，参加者围绕在其周围，和着拍子进行跳舞。——译者注

和茶杯、木屐等等。从臼杵出发，乘风破浪扬帆启程前往四国及大分县的国东町，到岸后，他们手扶头顶桶（货物装在桶里顶在头上），走街串巷叫卖。每趟行船都有收益，当他们积累了一大笔资金时，世间恰好改朝换代进入昭和时代（1926年为昭和元年）。他们便用之前赚到的钱建造帆船。最多的时候，津留的新建船有50多艘，有一半村民成了船主。（中略）在七福神[1]的护佑下，船民们进入了靠机帆船谋生的时代。即使不是大型船，也有100吨的吨位，而大船则有300吨的吨位。年轻人中学一毕业便争先恐后地涌入船运行业。装载的货物有津久见的水泥、煤炭。帆船满载着货物，锅炉蒸汽发动机发出轻快的轰鸣。航行一天后到达筑前八幡的铁町，在制铁所卸货，卸完货再在若松港的新栈桥载满黑亮的煤炭，前往日本东部、中部、西部等地。花上三天往货车上装满筑丰炭，满载筑丰炭的卡车开往港口，由搬运工搬运装船。船装满了吗？可以出航了吗？在关门海峡再等待一下，要等潮汛最好的时候。时机正好，出发吧，向着濑户内海前进，穿过濑户内海的各个小岛，经过视野开阔的播磨滩，马不停蹄地航行两夜三天，到达的地方是大阪港（位于安治川下的天保山）。卸下来自筑丰的新娘和黑油油的筑丰炭。卸货后前往木津川，装上铜滓，船向西驶出，踏

---

[1] 七福神属于日本宗教，七福神包括六位男神一位女神，他们来自不同的宗教派别，其中只有惠比寿为日本本土的神。正月初，日本有祭七福神、参拜七福神的习俗。——译者注

第六章 水上人家

上返程之路。在丸龟港歇歇脚，去拜拜金毘罗大神[1]，大家一起祈祷航海安全。买点赞岐乌冬作为礼物带给家人，往佐贺关方向前进，紧赶慢赶。顺风顺水，经过周防滩的姬岛，前面就是关崎。终于到了精炼厂，赶快卸货回家吧。在臼杵港的下松，坐上接驳小船，朝着父母和孩子等着的家，摇呀摇，划呀划，归心似箭（后略）。

（厚香苗：《村庄口述历史——大分县臼杵市诹访津留的叙事歌谣》，《民俗文化的探究》，谷口贡、铃木明子编，岩田书院，2010年）。

这首歌词，将津留的家船渔民转变为现代海运业者的历史完美地融入其中。

此外，在津留，除了从事煤炭运输业外，也有很多人成为驳船（港湾、内海、内河的运货船）的船老大，他们在大阪港和神户港内驾驶驳船运送货物。关于驳船，将在后文中详细叙述。

家船水上生活者的登岸生活

20世纪60年代以后，时代的发展加上政府的推动，各地的家船基本上都终止了水上生活，开始了陆上生活。他们登岸后的生活场所一般是家船时代的据点。其中，尾道市从1964年起花了4年时间，建了四栋五层楼的"渔民公寓"（2K户型，共计108户），作为安置房，提供给从家船登岸的人们入住。（西山夘三：《日本的住宅》Ⅱ，私家版，未记载出版年份。）后来，这四栋用钢筋水泥建筑

---

1 神名，又名金毗啰、禁毗罗。药师十二神将之一。——译者注

的公寓完成了历史使命，于 2008 年被拆除。

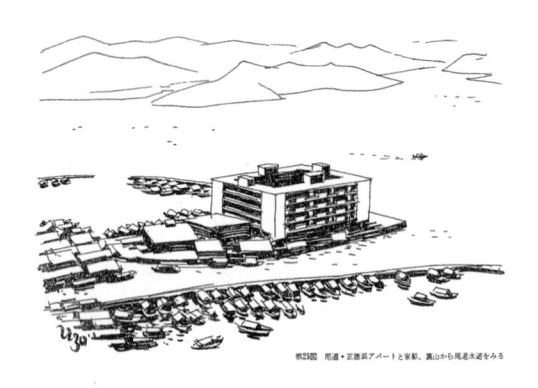

图12　尾道市的渔民公寓
（图片引自"西山夘三：《日本的住宅》Ⅱ/NPO 西山文库"）

在登岸生活后，仍有很多家船继续从事渔业生产。他们长期出海打鱼时，必然还是吃住在船上。例如，在广岛县丰岛有很多渔民，虽然岸上有住宅，但很多时候仍然过着水上的生活。他们通常是夫妇俩开着装有卫星定位系统、雷达、鱼群探测器等尖端技术的最新型渔船，在爱媛、山口、大分、宫崎、福冈、长崎、石川、静冈等县的捕捞地巡回捕鱼（金柄彻：《家船的民族志——现代日本的渔民》，东京大学出版会，2003 年）。

从驳船的船老大到巴士司机

以前在大阪、神户、东京、横滨等大港口，会看到有很多驳船在港湾内穿梭往来。这种景象如今已基本看不到了。驳船是指在港

第六章 水上人家

口、内海和内河中运送货物的小型船只。20世纪70年代之后，随着集装箱的引进，港口的功能被开发完善，大型货轮可以直接在码头靠岸，装卸集装箱。而在此之前，大型货轮一般只能停泊在港口附近的海面上，驳船则被广泛用于联结大船与陆地码头，在货轮与埠头之间往来运送货物。

驳船上没有引擎，由拖船拖航。而没有引擎的驳船也需要有人操控，所以驳船上少不了船老大。船老大和妻子、孩子等家人一起住在驳船上。也就是说，他们是水上生活者。不过，到了学龄期的孩子，要去岸上上学。岸上有专门为驳船家庭的孩子设立的宿舍[1]。孩子们平时上学就住宿舍，只在周末才回自己船上的家。

大约十年前，有一次我的课堂教学内容是以驳船为主题的。当时有位学生在课堂意见反馈表上写道，"听我祖父说，他就曾经住在驳船上"。我觉得这是一个进一步了解驳船的难得的机会，于是通过那位学生，拜见了他的祖父，并进行了访谈调查。下面介绍一下我的调查内容。

N先生（现住在大阪府堺市）于1939年出生于冈山县笠冈诸岛的白石岛。初中毕业后，就在白石岛上给从事渔业的父亲帮忙。3年后，也就是在他18岁那年，他去投靠了在大阪做驳船船老大的

---

[1] 这种宿舍（其中也有一些和学校建在一起）是由热衷于社会福利事业的企业家等出资建成的，在东京、横滨、名古屋、大阪、神户、若松、门司、八幡等地都有。这些宿舍在1970年前后完成了其历史使命。不过，其中有部分宿舍建筑，后来被作为儿童福利设施、特殊教育学校使用，一直保存到现在。

173

姐姐一家，开始在驳船上工作。在大阪港，有很多来自白石岛的驳船船老大。他们大多从漕运业老板（港口运输业者）那儿租借驳船使用，也有少数人拥有自己的驳船。N先生的姐姐姐夫，是被漕运老板雇用，从事驳船运输的。他们夫妇的主要工作是把从北海道运到大阪港的用于印刷报纸的纸张，从货轮上运到码头岸上。送到岸上的印刷用纸再由卡车运输公司的卡车运送到各家报社的工厂去。

N先生做了8个月的驳船工作后，考取了大型机动车驾照，便转行做陆上货运，开始了住在岸上公寓的生活。驳船的船夫中，有不少人成为卡车司机。N先生从19岁到25岁一直做卡车司机。23岁的时候，经家人介绍，与同是白石岛出身的女子结婚，婚后住在港区（大阪市）。在港区生活着很多来自白石岛等地的濑户内海出生的人。当时，只要去港区内的八幡浜商店街，就一定能遇到白石岛的人。他们要么生活在驳船上，要么是曾经在驳船上生活过的人。

N先生的一位同样从事卡车货运的老乡，后来转行做了大阪市公交车司机。N先生25岁的时候，听取了这位老乡的建议，参加了大阪市交通局的招聘考试。碰巧在那次考试的两个月前，他取得了大型客车驾照，所以正好有应聘资格。虽然竞争激烈，但他顺利通过了招录考试，成了一名公交车司机。

在地铁开通前，大阪的公交车数量很多。N先生开了20年公交车。地铁开通后，他不再开公交车，而是做起了交通营业所的运输助理，60岁退休后，他在交通局组建的公司再就业，管理营业所，直至71岁完全引退。

许多在白石岛出生的人，他们的人生模式是这样的：先做驳船船夫，然后转行成为卡车司机，之后再成为大阪市公交车司机。公交车司机的工资虽然只有卡车司机收入的一半左右，但很多人因为公交车司机是公务员身份，能稳定工作到退休，所以非常希望做公交车司机。当然，也有人不安于稳定的生活，从成为卡车司机起步，然后自己独立出来，成立运输公司，经营运输业。

白石岛出生的女性中，也有人去大阪市交通局工作，当公交车的售票员。当时因为很流行熟人介绍入职，所以公交行业录用的很多初中毕业女生，都来自濑户内海的岛屿。

大阪市交通局和濑户内海的岛民之间有着密切的联系，除了我的上述访谈调查外，还有其他资料可以证明这一点。例如，民俗学者田野登也曾对尻无川上一名渡船[1]船长做过访谈调查。尻无川是一条流入大阪湾的河流。这位船长出身于广岛县福山市内海町内浦渔村，他说：从同一个村子来到大阪，成为渡轮船长和大阪市电车司机的人很多（田野登，《水城大阪的民俗志》，和泉书院，2007年）。

牡蛎船

冬天是吃牡蛎的季节，现在日本国内有5家在船上提供牡蛎料

---

[1] 渡船是指连接江河、海峡及岛屿的岸对岸之间的运输船舶。截至2020年的现在，大阪市内有8个渡口，共有15艘船在运行。

理的饭馆。这样的船上店被称为"牡蛎船"。牡蛎船的历史始于17世纪后半期，源于广岛草津村（现在的广岛市西区草津地区）渔民将养殖的牡蛎装船运送到大阪去销售。后来，仁保岛村（现在的广岛市南区仁保地区）和矢野（现在的广岛市安芸区矢野地区）的养殖牡蛎的渔民也加入到这个行列中。他们起初只销售生牡蛎，进入19世纪后，他们开始在船上做好牡蛎料理，并将牡蛎料理销往大阪以外的京都、堺市等地。19世纪中叶的记录表明，在大阪当时就有35艘牡蛎船在经营牡蛎料理。牡蛎船在近代以后依然很活跃，每年的秋天到冬天，来自广岛的牡蛎船都会前往西日本各地进行季节性营业。

图13 牡蛎船（冈山县，昭和前期，垣下章氏提供）

我对牡蛎船很感兴趣，曾于2011年在福武财团［倍乐生(Benesse)旗下公益财团法人］的"濑户内海文化研究活动支持"项目的经费资助下，对牡蛎船进行过调查和研究。

倍乐生公司是冈山市从事教育事业的企业，致力于振兴濑户内海的地域文化。因为"牡蛎船"被认为是濑户内海的文化遗产，所以我的这项研究成了"濑户内海文化研究活动"项目的资助对象。

我的研究方法是实地调查。通过考察延续至今的5艘牡蛎船的运营，考察曾经的牡蛎船成为岸上牡蛎料理店的经过，进而把握牡蛎船的历史和现状。接下来介绍一下上述调查的成果概要。

以2013年为时间节点，2013年时停靠在内河和护城河上，或者说在固定地点营业的牡蛎船合计有5处（艘）。包括广岛县广岛市的2艘、吴市的1艘、大阪市1艘、长野县松本市的1艘。（本文记述的均为2013年时的情况，之后的变化，将在注释中说明）。

在广岛市元安川的和平大桥下游停泊着两艘牡蛎船，分别名为"牡蛎船金轮"（KANAWA）和"牡蛎舟广岛"（HIROSIMA）。"牡蛎船金轮"原本是一家1862年创业的牡蛎养殖户的牡蛎运送船。这家养殖户长期在仁保附近海域从事牡蛎养殖，但因1958年广岛县对日宇那湾实施填海造地项目，使得他们的养殖事业无法继续下去。作为曾经的养殖业的替代性方案，他们选择了用牡蛎船经营牡蛎料理的方式重新创业。在得到广岛县的批准后，1962年起"牡蛎船金轮"开始在元安川上营业[1]。

---

[1] "牡蛎船金轮"于2015年迁移至在元安川上游，换了新船继续营业。

图14 "牡蛎船金轮"(广岛市中区)

"牡蛎舟广岛"是1953年在广岛站附近猿猴桥畔的猿猴川上创业的。创始人是松冈俊晓。日本败战前,松冈氏是一位和服商人,在大阪市内经营和服商店。二战后,他购买了废弃的军用船加以改造,开始做牡蛎船的生意。战后复兴时期,他的牡蛎船生意火爆,每天都有艺伎[1]出入,非常热闹。但后来,政府要在广岛车站的站前区域进行市政规划改造工程,牡蛎船不得不转移场所。当时,政府介绍的搬迁地,是元安川的和平大桥下,即现在"牡蛎舟广岛"的所在地。现在的船也是搬迁的时候新造的。

"牡蛎舟广岛"为双层构造,一楼是厨房,二楼有四个包间,

---

[1] 艺伎是一种日本表演艺术职业,产生于17世纪的东京和大阪。最初的艺伎全部是男性,游走在京町界外,俗称町伎,主要在妓院和娱乐场所以表演舞蹈和乐器为生。18世纪中叶,艺伎职业渐渐被女性完全取代,这一传统也一直沿袭至今。——译者注

大厅、收银台及餐厅入口也都在二楼。入口处供奉着一尊木制观音像。据老板娘说，在1945年的广岛原子弹爆炸中，有很多人丧命于元安川，这尊由原爆树（经历了原子弹爆炸的树）制作而成的观音像，是从2002年开始，店主出于对逝者的祭奠和表达在此经营的感谢之情而开始供奉的。

吴市堺川的"居酒屋牡蛎船"建于1910年，当年以"牡蛎龙"之名而著称。1974年，该牡蛎船被现在的老板小田卓雄收购。小田氏算是"居酒屋牡蛎船"的第四代老板。据小田先生说，从大正（1912—1926）到昭和（1926—1989）初期，在堺川有三艘牡蛎船营业，他的这艘船是其中之一。1987年，小田先生因为船舱部朽化严重，将船的下部换了新船，但保留了船上部的屋形部分。

长野县松本市的"牡蛎船"停泊在松本城的护城河上。牡蛎船在松本出现的经过如下。

1912年，生于广岛矢野的松本松吉，在金泽市的犀川上开设了牡蛎船的牡蛎料理店，随后的1915年，他又在该市的浅野川上也开了一家牡蛎船餐馆。松本松吉的继承人是松本市牡蛎船的创始人松本秋司。

秋司先生一直在寻找开设牡蛎船新分店的店址，考虑到在山城开设吃牡蛎的餐馆应该也会受欢迎，于是他决定将分店开到松本城的护城河上。秋司先生进军松本开店时，得到了松本当地颇有权势的财阀的协助，这位有权有势的人曾是松本家的金泽店的老主顾。

松本店的牡蛎船的船体是在广岛矢野建造的。在矢野将完工的船体拆解开来，经由铁路运到松本，在松本再将化整为零的船体重新组装成整船。1933年，牡蛎船就这样在松本开业了。开店伊始，店的外形和店里推出的牡蛎料理，在山城松本都被视为传奇，因而生意非常兴隆。后来，虽然船体有过几次维修，但这家牡蛎船店至今仍在原地营业[松本孝子：《牡蛎船的沿革》，《松本市史研究》(21)，2011年]。

在大阪市土佐堀川上，紧靠淀屋桥南端营业的是一艘名叫"牡蛎广"的船。"牡蛎广"由一位广岛人于1920年(大正九年)开设。从江户时代开始，商船就在大阪纵横交错的市内河道里穿梭往来。大部分河道在第二次世界大战后被填埋了，但在这些河道被填埋之前，到处都有牡蛎船在做生意。"牡蛎广"是大阪市内河道中留存下来的最后一艘牡蛎船。

牡蛎船的岸上经营

上文介绍了现在仍然维持水上营业的5个牡蛎船餐馆。但在日本各地，也有曾经的牡蛎船迁移到岸上，成为专营牡蛎料理的餐馆继续营业的情况。

兵库县高砂市的"牡蛎幸"店的创始人是矢野人。他在1920年将船停靠在高砂的堀川港，开始经营牡蛎船。日本战败的两三年后，他曾一度将牡蛎船店撤回矢野，但1962年还是重新回到了高砂。在高砂，"牡蛎幸"作为陆上专营牡蛎料理的餐馆重新开张，一直延续至今。

阪神大地震（1995年）前，在神户市中央区中山手有个叫作"牡蛎十"的餐馆，该餐馆的前身也是牡蛎船。1873年，一位矢野人开设的牡蛎船餐馆，在兵库运河（神户市兵库区）的入江桥畔开业。到了大正（1912—1926）年间，店主不再经营水上的牡蛎船，而是在原牡蛎船附近的岸上开了一家牡蛎餐馆，继续经营牡蛎料理。二战后，其店面搬迁到了中山手，直至毁于阪神大地震。

兵库县尼崎市的"牡蛎金"的创始人也是矢野人。"牡蛎金"起源于明治（1868—1912）末期停泊于尼崎市的庄下川（西大手桥附近）的牡蛎船。该船于1941年停业。1954年，该店在阪神电车高架下开设陆上店铺，重新开张，2004年搬至阪神尼崎站前的现址。

兵库县丰冈市的牡蛎船的创始人同样是矢野人。这位矢野人和前来矢野购买"假发"（指做日式传统发型时的结发，矢野是其著名产地）的丰冈商人相识，在这位商人的介绍下，于大正年间在丰冈的旧圆山川（现在这条河流已被废弃）开设了牡蛎船餐馆。以圆山川改造工程为契机，于1936年上岸成为陆地店铺，店名仍叫"牡蛎船"，继续经营牡蛎料理。

鸟取县米子市的"牡蛎船"原本是一条从广岛（详细地点不明）来到加茂川的牡蛎船餐馆。二战前被米子市当地的餐饮经营商福寿屋收购并继承，后来于1949年从水上搬迁到岸上，在现址继续营业。

在冈山市北区的苫田温泉，有一家叫作"泉水"的旅馆，该旅馆的前身也是一艘牡蛎船。一位来自矢野的牡蛎商人，根据原广岛藩藩主浅野长勋侯爵的要求，在"和平纪念东京博览会"（1922年）上推出了牡蛎船餐馆（停泊于上野公园的不忍池）。博览会结束后，在浅野侯爵的斡旋下，这艘牡蛎船移至冈山市的西川，以"西川牡蛎船"为店名开始营业（1925年）。战争期间，该牡蛎船被国家征用。战后，"西川牡蛎船"在岸上重新开业，1955年开始在现址经营旅馆。2013年"泉水"旅馆为纪念创业八十八周年，复原了"西川牡蛎船"时期的牡蛎料理，并将这道菜加入到现在的菜单中。

冈山县仓敷市的和式高档宾馆"旅馆仓敷"也是起源于一艘名为"牡蛎增"的牡蛎船。最初，一位矢野人于1897年在仓敷川开设牡蛎船水上餐馆，该餐馆于1944年搬到岸上，转行成为旅馆。

相较以上案例，下面三个事例虽不是直接起源于牡蛎船本身，却是带有"牡蛎船"意识的创业，这一点非常有趣。

兵库县加古川市有一家"牡蛎庄"，其创始人也是一位矢野人。1926年，他在JR加古川车站附近的水渠上建了一间牡蛎船模样的建筑。虽然本身并不是真正的船，但模拟了牡蛎船的造型，因而备受瞩目。

大阪府池田市有一家名叫"牡蛎峰"的餐馆（创设于1924年）。创始人峰本福次郎（出生于广岛县仓桥町）曾在矢野做过造船的木工，他为了开一家牡蛎船水上餐馆而来到了池田。起初他想在流经现址附近的猪名川上开设水上牡蛎船，但未能得到政府许可，于是使用了造船的材料，在阪急电铁的池田车站前修建了一间名为"牡

第六章　水上人家

蛎峰"的船型建筑。后来又于1984年改建成大楼直至现在。

在新潟市中央区花街"古町",有一家叫作"牡蛎正"的日式高级饭庄,其创始人是出生于矢野的桥本忠人。桥本的哥哥在兵库县的明石经营着一家牡蛎船,桥本先是在哥哥的店里帮忙,后来于1929年来到新潟开设了自己的牡蛎餐馆。新潟的这家牡蛎餐馆从一开始就在岸上营业。桥本是师从高浜虚子[1]的俳句诗人,他将"牡蛎正"培育成了新潟地区屈指可数的文化人聚集的日式酒家。他们公开出版发行的《樱鲷》《海百句》等俳句集中,收录了许多感怀濑户内海的诗句。

高级料理店"吉兆"的创始人汤木贞一,是日式料理的代表人物之一。他也与牡蛎船颇有关联。以下,根据末广幸代《吉兆汤木贞一——料理之道》(吉川弘文馆,2010年)一书,来说明汤木贞一与牡蛎船的渊源。

汤木家日式料理店源于矢野。江户时代,汤木家在矢野经营货运船行。贞一的祖父辰平说:"我在明治维新的时候被一户下级武士家庭领养,但由于找不到理想的工作,一般会在农闲期的十月份左右,去牡蛎船上打工。我们在船上装载牡蛎、蔬菜和广岛酱菜等运到兵库。"后来,贞一的父亲吾一也到这艘牡蛎船上帮忙,但他"不喜欢这种每天吃住在船上、容易受季节和天气影响的不稳定的生活","觉得在岸上找一份稳定的工作比较好,所以13岁时就投

---

[1] 高浜虚子(1874—1959)爱媛县人,俳人,1954年(昭和二十九年)获文化勋章。——译者注

奔叔叔，跟叔叔夫妇学习厨艺。当时吾一的叔叔在神户的元町经营着一家叫作'本现长'的鸡肉火锅店"。再后来，吾一又去了东京学习鳗鱼料理，于1895年"23岁时在神户花隈地区开了一家专门做鸡肉、鳗鱼和河鱼的料理店，店名叫'中现长'"。

开店6年后的1901年，吾一的长子贞一在神户出生。作为料理店的继承人，贞一16岁时就开始学习料理，后来被称为天才料理人汤木贞一，而培养他的汤木家族，也有曾经从事牡蛎船工作的历史（末广幸代：《吉兆汤木贞——料理之道》）。

伦敦的运河及运河上的水上生活者

几年前，我在伦敦出差的时候，偶然了解到伦敦有座"伦敦运河博物馆"（London Canal Museum），就去探访了一下。博物馆在圣潘可拉斯车站附近，圣潘可拉斯车站是欧洲之星(Eurostar)火车的始发和终点站。该博物馆的前身，是实业家加蒂（Carlo Gatti，1817—1878）建造的冰块储藏库，加蒂是在伦敦将冰淇淋商品化的第一人。博物馆的前面，是"摄政运河"（Regents Canal）。当年从挪威出发经过北海、泰晤士河、摄政运河运来的冰，就是被搬入了这个冰块储藏库储存的。

运河博物馆展示了这个冰块储藏库的历史和英国运河的历史，其展示品都经过学术性考证。关于运河历史的说明如下。[1]

---

[1] 同时参照了以下文献：Anthony Burton, *Life on the Canal*, Pitkin Publishing, 2013. Jean Stone, *Voices from the Waterways*, Sutton Publishing, 1997.

第六章　水上人家

在英国，从18世纪后半期到19世纪，为了便于用船运送煤炭和木材等物资，各地都纷纷挖掘运河。为了控制挖掘成本，与大陆上的运河相比，英国的运河都比较狭窄，在运河中航行的船舶的宽度也相应较窄。因此，在英国运河上航行的船被称为"窄船"（narrowboat）。

起初，窄船的动力是马，由马在河岸上行走，牵引着水中的小船前行。到了20世纪20年代，开始出现装有发动机的窄船，但没有装备发动机的窄船也被保留了下来。第二次世界大战后，小型拖拉机开始代替马牵引窄船航行。

原本在窄船上只有被称为"船夫"的船老大操控船，船老大的家人在岸上的家里生活。但是由于19世纪后半期铁路线的修筑及铁路运输的扩大，运河运输的利润受到了挤压。为了维持生活、降低生活成本，船老大只好带着全家人在船上生活。19世纪70年代，英国全境有4万多人生活在窄船上。船夫一家在狭窄的船舱里过着穷困潦倒的生活，无论天气多么恶劣，他们都必须工作。

1945年以后，陆上卡车运输成为物流的主体，窄船运输不再被需要，窄船生活者逐渐搬到岸上成为陆上居民。最终，在1963年大寒潮降临的时候，由于冰封雪冻，船只无法航行，以此为契机，窄船运输退出了历史舞台。

当窄船消失，运河不再承担物流运输后，河里不仅被乱丢垃圾，河岸的道路也逐渐被荒废了。直到进入20世纪70年代，各地复活运河的呼声才逐渐高涨。作为地区、社区活动的一环，各地进行了河岸道路的修整和运河的清扫。到了20世纪80年代，又把曾经的船舶停靠点，作为水边的亲水公共空间进行了开发再利用。伦敦的卡姆登镇，因有多个艺术家工作室和大型市场而广为人知。卡姆登镇的出现，正是对摄政运河的船舶停靠点所在的仓库街进行再开发利用的结果。

在这样的背景下，曾经一度消失的窄船，作为娱乐设施再度进入了人们的视野。窄船成了厨房、厕所、淋浴设备齐全的娱乐船，人们可以选择在这种船上度假或享受退休后的生活。我们在英国旅行的时候，经常看到的漂浮在河面上的五彩缤纷的小船，就是这种船。

休闲娱乐用的窄船的时速只有5公里。驾驶这种小船不需要许可证和资格证。有人拥有自己的窄船，也有人租船游览运河。英国有很多租赁公司，提供窄船出租业务。

图15　伦敦的窄船（被画家用作画室）

此外，还有人利用窄船作为居所和工作室。参观完博物馆后，我在附近的船坞遇到了一位来自南美哥伦比亚的画家。这位画家曾经在美国波士顿生活过，17年前来到了伦敦。他拥有两艘窄船，一艘用作住所，一艘用作工作室。

伦敦的运河及水上居民的水上生活，在现代以崭新的方式重新焕发了生机。

第七章　宗教之俗

本章将围绕与宗教(超越人类智慧的存在、世界、现象的信念和信仰)相关的"俗"展开。民俗学中积累了很多关于祖先祭祀、村落祭祀、都市祭祀、巡礼、民间宗教者、修验道、佛教民俗、送葬仪式、人生礼仪、岁时仪式、小祠、俗信、幽灵、妖怪、神话、传说等传统宗教民俗研究。这些传统宗教民俗,被现代人信奉并践行,与此同时,当下也生成了许多与以往不同的"现代性"民俗现象。在此,我将着眼于"现代宗教之俗(vernacular)",并思考它与传统宗教民俗之间的关系。

1. 能量石与能量源

你相信能量石吗？

从"能量石"与"能量源"[1]中可以见到人们对"神秘能量"的关注及信仰，这也是现代宗教之俗的特征。石头中蕴含着超自然的神秘力量，商家们基于这一观点，从世界各地采购、加工、销售石头，这种石头就是能量石。商家会给每种能量石准备一份由专家开具的说明，说明中会介绍能量石的各种来历及作用。消费者参考专家的说明，在实体店或网店购买那些被制作成手链、项链等形式的能量石，并把它们佩戴在身上。

不久前，作为现代民俗学课程的一部分，我让学生们围绕与能量石有关的亲身经历，写份报告。通过课程报告，我很快就收集到了不少相关案例。接下来介绍其中几则。

1. 我非常喜欢能量石、能量源等等，从中学时代就开始戴"提升健康运""提升桃花运"之类的能量石手链。有两次手链的绳子断了，因为觉得不吉利，立刻就去买了新的。至于购买地点，在大型百货商店、购物中心一般都会有卖。

---

1 在日本，能量源（power spot）是指被一些人相信带有特殊能量或气场的地点，大多是历史悠久、庄严神圣的神社或佛寺，抑或是尚未被破坏的大自然中的某个地点，例如，高野山、鞍马山、伊势神宫和出云大社等。——译者注

第七章 宗教之俗（vernacular）

2.我妈妈喜欢能量石，并经常购买。受她的影响，我也会购买自己的诞生石[1]——水晶。我总觉得水晶里有某种能量，一有好事发生，我就会认为是它的功劳。

3.我上中学的时候，妈妈对能量石很是痴迷。我身体抱恙时，她就给我戴绿色系的手链。希望我平心静气的时候，她就给我戴蓝色系的手链。现在想想，石头里真的蕴藏着那样的能量吗？这点值得怀疑。可当佩戴能量石的时候，令我感到神奇的是，真的有种精神百倍的感觉。

4.记得上小学的时候，我跟朋友关系不好，妈妈就给我买了条友情幸运石手链。我跟妈妈说，真是多亏了这条幸运石手链，因为一戴上它，就感到和朋友的关系有所改善了。从那以后，我就一直戴着它。当戴得太久链子断了的时候，我相信是幸运石为我挡了灾祸。

5.我父亲特别信奉一个名称叫"老虎"的幸运石。父亲说，如果得到这个能量石的加持，可以克服几乎所有难关，所以一直让我和哥哥随身携带。我记得，当时是抱着试试看的心态戴上的，没想到似乎真的有作用，这令我很是吃惊。

6.我妈妈习惯在满月的夜晚，让能量石手链照照月光，说是给它充电。不光如此，她还会让自己也沐浴月光，说这样可以获得月

---

[1] 诞生石是欧美传说中代表十二个月出生的人们的生辰石。每个月的诞生石都不相同，比如一月是石榴石，二月是紫晶，三月是海蓝宝石，四月是钻石，等等。——译者注

亮的能量。

7.出于对宗教的朦朦胧胧的信仰之心，我相信能量石的功效，并且自认为能感受到它的力量（尽管我的家人们并不相信能量石的功效）。通过能量石获取能量不需要特地拜访灵性圣地，这一点很方便。只要靠近森林、河流等自然景物，感觉能量石就会发出七色的光，这确实会让人感到它很神圣。

当然，其中也有学生明明白白地写道，"能量石、能量聚合地、心灵感应之类的事物，我根本不会去相信！"或者"妈妈不相信能量源、能量石，而且还很厌恶这些东西，所以我虽然觉得石头很漂亮，但也不认为它们真的含有能量"。但同时，从以上描述不难看出，能量石已经一定程度地渗透于学生及他们家人的生活中。

能量石本是源于美国新纪元运动[1]（新神秘主义运动）的一种宗教商品，在20世纪80年代传到日本。在能量石刚传入日本不久的20世纪90年代初期，我在读研究生，且正好在进行有关新宗教的研究。由于一直在收集有关宗教现象的信息，我目睹了能量石以新纪元运动的拥趸为中心，在日本被接受并发展的过程。而我本人也采访过能量石的信奉者。

当时我觉得，关注能量石的人都是新纪元运动的信徒，所以能

---

[1] 新纪元运动(New Age Movement)，又称新时代运动，起源于1970—1980年西方的社会与宗教运动。新纪元运动所涉及的层面极广，涵盖了灵性、神秘学、替代疗法，并吸收了世界各个宗教的元素，以及环境保护主义。——译者注

第七章　宗教之俗（vernacular）

量石并不会在世界范围内广泛流行。但进入 21 世纪以来，在所谓的"灵力热"（spiritual boom）（由大众传媒的推介引发的人们对精神性、心灵性现象等的密切关注）中，能量石不再局限于特定人群，而是获得了世人的普遍认可。

虽说"能量石"这一物品以及与能量石相关的信仰是从海外传入日本的，但在日本，自古就存在认为石头内蕴藏着超自然力量的观念。即使是现在，在山梨县等地的路边，也能看到被祭祀的圆石（在民俗学中被称为"圆石神"）。圆石神属于道祖神[1]的一种，之所以祭祀石头，是因为人们认为石头里住着神灵。柳田国男在其 1910 年发表的《石神问答》一书中，记录了诸多石神的个案。

此外，将具有能量的物品带在身上，与佩戴传统护身符的行为相似。护身符不是单纯的物品，是在神佛面前进行祈福消灾的仪式后被赐予的灵物。人们相信护身符的能量是由宗教仪式赋予的。

如此想来，看似与过去毫无关联的能量石中，也存在着与传统宗教民俗类似的地方。不过，能量石的普及受到了媒体与市场的巨大影响，而且由于对能量石的理解不同，出现了广泛的个体选择差异，这两点与传统宗教习俗还是有较大区别的。

个性化的能量源

"能量源"是指人们认为存在着某种超自然力量的场所。下文

---

[1] 道祖神是日本村庄的守护神，通常立在村边道旁。据说可防止恶魔瘟神进村。——译者注

从学生们提交的能量源相关事例报告中,选取一部分进行介绍。当然,也有一些学生并不认同下文的描述,他们对能量源的说法持否定或怀疑态度。

1.我妈妈说熊野本宫大社对她而言就是能量之源,一遇到什么事情,她必定会去参拜(虽然那里离我家很远)。她上次去熊野本宫大社,是为了祈祷我弟弟能够获得棒球比赛的参赛资格。后来,之前没怎么参加过比赛的弟弟,居然真的作为首发球员参赛了。我觉得这真是太神奇了。

2.奈良县的石上神宫对我而言是一处能量源,每次去那里,我都会感觉十分神清气爽。但我妈妈一去石上神宫就会感到疲惫不堪,说是因为能量精气被吸走了。看来,某个地方是不是能量源因人而异。

3.我曾在某本杂志上读到,神户的生田神社后方的森林是一处能量源,便和朋友一起去拜访了一下。以前经常路过那里也没有觉得有什么特别,但这次却不可思议地感到了某种神圣感。或许是因为杂志的宣传给了我们某种心理暗示,但尽管如此,我还是真切感受到了某种能量的存在。

4.我家附近有一个小神社,回家路上我经常骑自行车路过那里。路过的时候,有时会微微行礼,或在心里有所祈愿。最近得知妹妹也会在这个小神社前行礼,让我有点吃惊。

5.对我来说,具有神秘宗教色彩的地方,是我家附近的神社。

第七章 宗教之俗（vernacular）

那是我小学时跟朋友去山上探险时发现的。神社位于人迹罕至的深山，我们也不知道它的名字。虽然感觉有些瘆人，但总觉得似乎能从这个不为人知的神社获得力量，所以在考试和比赛前我都会前去参拜。

6. 我的能量之源是我家附近的神社及祖先的墓地。听妈妈说，这个神社的神灵是我们这一方土地的守护神。我也会在参加技艺比赛、考试之前，以及新的一年开始的时候，去这个神社参拜以获得能量。而且，我觉得去扫墓时也会获得某种能量。虽然很多人倾向于认为墓地是幽灵出没之地，是个可怕的地方，但我却认为那里是蕴含着能量的神秘场所。

7. 我的老家是上神古（位于大阪府堺市），那里有我祖父的墓地。祖父的墓地位于一处可以俯瞰周边群山的高地上。我时常会独自一人去那里思考些事情。在那里思考会令我通透舒畅。对我而言，祖父的墓地就是我的能量之源。

8. 我在拜访京都的坂本龙马墓地时，感觉自己能获取某种能量。龙马墓地附近还有其他幕府末期仁人志士的墓地，我似乎能接收到这些致力于改变日本社会的热血青年的能量。因此，我经常拜访该地。但每次拜访大约一周后，不知道为什么，我都会感冒。为此，我很是苦恼，不禁思考：是不是最好别再去了呢？难道是某种不可思议的力量让我感冒的吗？

9. 我喜欢观赏大自然中的池塘，经常在谷歌地图的航拍照片里找寻池塘的踪迹，然后再实地寻访。池塘大部分是用于农业的蓄水池，也有少量深山中自然形成的池塘。那些似乎没有人到访过的深山池塘，就像是《幽灵公主》[1]中的场景，让人感觉能获得某种力量。但在那里待久了的话，还是会有一种近乎恐怖的感觉。罕有人迹的深山池塘，便是我的能量源。

10.对于我来说，"关学"（位于日本兵库县的关西学院大学简称"关学"）的正门就是能量之源。如果去社会学系，从仁川上坡，在关学会馆前右拐的话，比从正门走要近，所以很多人会在会馆前右拐，而不走从学校大门进来的那条路。但我不会那样，我会经由从大门进来的那条路去社会学系。这是为什么呢？因为从大门进的话，能看见绿油油的草坪和美丽的钟楼，似乎就能获得某种非常神奇的力量。我感觉那里与司空见惯的大学景观不同，有点像是一个超现实的空间。

11.我的能量源就是家门口的公园，一出家门就能到达。每当我感到疲惫时，就去这个公园，荡荡秋千。这个公园虽然不是像神社那种令人崇敬的地方，但我觉得公园里兴许也会有神灵。荡着秋千，感觉会渐渐忘却一些烦心事。在这个公园里，我感觉自己可以平心静气地想些事情，而且还能获得能量。

12.我的能量之源是家门前的水渠。望向水渠的时候，总感觉有种富含负离子的神奇的风扑面而来。这种风令我心安，所以一有什么不开心的事，我就会去看看那条水渠，每次总能从中获得

---

[1]《幽灵公主》是吉卜力工作室于1997年推出的一部动画电影。——译者注

第七章　宗教之俗（vernacular）

能量。

13.对我来说，能量源是家里的佛龛。每天睡觉前，或有什么重要事件之前，我一定会在佛龛前祈祷一下。虽然不像在神社祈愿那样小心谨慎，但在许愿或表达感谢后，会觉得心安。

14.我家里的日式房间中装饰有一把壶。这个壶便是我的能量源。虽然不清楚它究竟是什么来头，但从小开始，我就养成了在做课堂发表前，于壶前合掌祈愿的习惯。现在有时候也会这么做。我暗自觉得，壶里可能住着神灵。

15.我家里的能量源，是步入洗手间后朝向洗衣机的地方。小时候，我曾在那里面向洗衣机跪坐祈求数次，而后找到了失物。之后那里就成了我的能量源。

从这些事例中不难看出，学生们会因为某种契机在某个特定场所感受到"能量"，从而把那里当作自己的能量之源。能感受到能量的场所各种各样，大到神社、墓地、池塘、校园、水渠，小到佛龛前、摆放在日式房间的茶壶前、洗衣机前等。

"能量源"观念的普及过程，与前文所说的能量石的情况非常相近。能量源的想法及实践始见于20世纪80年代，当时只流行于新纪元运动的信徒中。进入21世纪，随着灵力热的兴起，能量源的观念和实践才在世界范围内得到了广泛传播（堀江宗正：《流行精神——被媒体化的宗教性》，岩波书店，2019年）。

关于能量源，我们也能发现其与传统宗教习俗的类似之处。民

197

俗学者野本宽一是一位优秀的研究者，他走遍了日本全国各地各式各样的能量之源，我们可以称他为"当代的宫本常一[1]"。《神与自然的景观论——解读信仰环境》（讲谈社，2006年）是他的著作之一。

在这本书中，野本从自己长期民俗调查积累的事例中，选取了当地人能感受到神力或神圣感的场所，进行了分析研究，结果发现：具有一定地形特征的海角、海滨、洞穴、渊潭、瀑布、池塘、山、山顶、森林、小岛、温泉、岩石等场所，在同时具备某些条件时，就会被当作"圣地"。

从野本描述的数量众多的"圣地"事例中，可以看出，"能量源"只不过是人们长年累月形成并传承下来的"圣地"信仰的形态之一而已。

当然，能量源的兴起，也有媒体的宣传和市场强力介入的原因。不过，并不是人人都认为有能量源的存在，而且即便人们承认存在能量源，也可能会在以何处为能量源这一点上存在分歧。这与前文所说的能量石的相关内容具有一致性。在分析现代宗教之俗（vernacular）时，媒体、市场，以及个体的多样性是不可或缺的视角。

---

[1] 宫本常一（1907—1981），日本著名民俗学者，被称为"旅行的巨人"，穷尽一生在日本各地做田野调查，据说居住过1200家以上的民居，留下了许多珍贵的民俗学一手资料。本书序章中有所提及。——译者注

2．类民俗和虚构传说现实化

雪洞灯祭[1]

在石川县金泽市的郊外，有一处名叫"汤涌温泉"的温泉街。在这里，每年都会举行有趣的"雪洞灯祭"。"雪洞灯祭"原本是一个动漫作品中虚构的节日，也就是说，动漫中虚构的节日成了现实中真实的祭节。民俗学者由谷裕哉就这个雪洞灯祭进行了调查。根据由谷裕哉的论文《传统化的动画圣地巡礼》（谷裕哉、佐藤喜久一郎：《亚文化圣地巡礼》，岩田书院，2014年），并结合从动画片《花开伊吕波》的官方网站，以及从汤涌温泉观光协会的官方网站获取的信息，笔者将雪洞灯祭形成的经过整理成如下内容。

2011年4月到9月，电视动画作品《花开伊吕波》（P.A.WORKS制作，安藤真裕导演，冈田麿里等编剧）在日本放映。故事讲述了一位东京的女高中生，住在其祖母经营的"汤乃鹭温泉"旅馆时所经历的种种事情。"汤乃鹭温泉"的原型就是汤涌温泉。在这部动画作品中，有一个神社举行"雪洞灯祭"时的场景。

《花开伊吕波》中的"雪洞灯祭"，是稻荷神社[2]的一个节日祭典。剧中的"雪洞灯祭"是这样设定的：作为祭神的小女孩，每年

1　雪洞灯指纸糊的小行灯或手烛。——译者注
2　供奉稻荷神（农耕神）的神社，神社两旁往往有作为神使的狐狸雕像。——译者注

十月都陪着两只狐狸去"出云"[1]，但因为年幼会迷路。于是，当地的人们为了帮助女孩，让她不要迷路，就点上雪洞灯来指引。同时，雪洞灯上挂着写有点灯人愿望的"心愿卡"。

这里出现的稻荷神社的原型，是汤涌温泉的真言宗药师寺里的一个小稻荷神社。不过，现实中的稻荷神社的祭神是"稻荷大明神"，而非小女孩。而且，在 2011 年之前，稻荷神社里并不存在系挂"心愿卡"的祭祀活动。

这些变化是在 2011 年的秋天发生的。2011 年的秋天，由当地的汤涌温泉观光协会牵头，在现实世界中再现了《花开伊吕波》中所描绘的"雪洞灯祭"。第一次"雪洞灯祭"于 2011 年 10 月 9 日举行。活动当天，白天有配音演员的表演秀和动漫商品销售等活动；晚上 8 点开始，则有由专业的神职人员主持的祭神活动。

晚间的祭神活动正规严肃，由以下几个部分组成：先是迎神仪式，然后是雪洞灯的温泉街巡行，接着是玉泉湖祭场的"心愿卡"焚烧仪式，最后是送神仪式。

当地观光协会策划这个祭典的目的，自然是吸引更多的以动漫粉为主的游客，并以此来促进温泉街的繁荣。虽然祭神仪式本身只是"雪洞灯祭"活动的一环，但这个仪式是被作为一个严肃的神事活动来举办的。祭神活动令游客们感动不已。

2011 年的"雪洞灯祭"有 5000 人（主办方发表的数据）参加。

---

[1] 出云国是日本古代的令制国之一，其领域大约为现在岛根县的东部。此地常在日本神话中出现，传说有许多神灵居住于此。——译者注

第七章　宗教之俗（vernacular）

由于祭节活动的成功举办，当地观光协会决定下一年继续举办"雪洞灯祭"。此后，每年都举行"雪洞灯祭"，2019年为第九届。

从《花开伊吕波》和"雪洞灯祭"中，我们可以找到一些有趣的民俗学的看点。

首先，在《花开伊吕波》这部动画作品中，植入了很多所谓"民间传承"世界中的常见要素，如"稻荷神社""狐狸""祭典""神的出云之旅"等等。在民俗学里，将这种"与民间传承相仿的元素"被引入动漫、电影、游戏等流行文化（通过媒体广泛流通的大众文化）中的现象，称为"类民俗现象"[1]。不只是《花开伊吕波》，其他动漫作品中也常常可以见到这样的"类民俗"的影子。

例如，在《千与千寻》（宫崎骏原著、剧本、导演，2001年）中，出现了以河神为首的各种各样的神和妖怪，还有炉灶男（指烧炉灶的下人，出自日本东北地区的民间传说），锅炉爷爷，象征着此岸和彼岸的隧道和桥，等等。这些都可以算是"类民俗"元素。《你的名字》（新海诚原作、脚本、导演，2016年）中描写的"神社""秋祭""巫女""神乐""口嚼酒"，也是"类民俗"现象（顺便说一下，女主角宫水三叶的父亲在影片中的人物设定是镇长，他原

---

[1] "类民俗"（Folkloresque）概念由美国民俗学家迈克尔·福斯特（加利福尼亚大学戴维斯分校教授）提出，指代富含民俗元素的创造性的，而且常常是商业性的产品或文本（比如说电影、图形小说、视频游戏），这些产品和文本让消费者感到它们直接来源于既有民俗传统（Michael D. Foster and Jefferey A. Tolbert, *The Folkloresque: Reframing Folklore in a Popular Culture World*. Utah State University Press, 2016）。另外，"folklore"一词可以直译为"民俗性的、民间传承性的"或"有民俗特征的"。

本是一个民俗学者,后来入赘神职世袭的宫水家)。

其次,作品中描写的虚构的祭节活动在现实世界中被再现的现象,在民俗学中被称为"虚构传说现实化"。所谓虚构传说现实化,是指人们针对广为流传的民间传说和故事,以实际行动来参与及实践(通过行动支持虚构习俗并添加内容)(威尔士惠子、丽莎盖博特:《加深多文化理解的美国文化入门——社会、地域、传承》,丸善出版社,2017年)[1]。"雪洞灯祭"可以说是"虚构传说现实化"的一个典型案例。

肘神大人

类民俗和虚构传说现实化的另一个例证,是搞笑艺人组合"流星"(成员为泷上伸一郎、仲英)的相声段子"肘神"和以此为原型诞生的"肘神神社"(位于岐阜县高山市)。

相声段子"肘神"讲述了这样一个故事:孙子在拜访岐阜县的祖父时,发现祖父在跳一种奇怪的舞蹈祭祀肘神。祖父说,这是村里的秘密,知晓这个秘密的人都要成为活祭品⋯⋯一年后,爷爷和孙子都跳起了肘神之舞。由于这段相声里的动作表情和故事设定都

---

[1] "虚构传说现实化"(Ostension)是出生于匈牙利、长期活跃于美国的印第安纳大学教授的民俗学者林达·德格提出的概念,德格自己将该概念定义为"对描述(representation)的演示(presentation)"。(Linda Dégh and Andrew Vázsonyi, "Does the Word 'Dog' Bite? Ostensive Action: A Means of Legend Telling". *Journal of Folklore Research*. 20, 1983)。本书的第二章介绍了这样一个事例:基于"如果一天里遇到三个神学院的学生,会有好事发生"的传说,真的每天都有其他院系的学生在神学院的附近转悠。这些学生的行为也是虚构传说的现实化。

第七章　宗教之俗（vernacular）

十分新颖奇特，所以大受欢迎。据说，SNS（社交网络服务平台）上不断出现"肘神大人的祭祀仪式在哪里举行啊？""好想去参拜肘神神社啊！"之类的投稿帖子。

读到这些观众的投稿，泷上和仲英不禁想到，不如在曾度过高中时代的高山市建一个肘神神社好了。他们与当地有关人员协商后，通过云端集资，于2018年7月在高山市本町三丁目商店街的一角，建成了肘神神社（泷上伸一郎：《肘神诞生之镇》，KADOKAWA,2018年）。当年8月，作为商店街"高山本町纳凉夜市"活动的一部分，举办了"肘神节"仪式。此后，以粉丝为主的参拜者络绎不绝。现今，有两年历史的肘神神社已成为高山市的观光景点之一。

"肘神大人"的发展还不止于此。在"Aniota wiki"[1]这个网站上有如下描述[2]。

民间传说中的肘神信仰是关于腕骨关节的地方信仰，源于对农业生产而言十分重要的人体关节的崇拜。肘神信仰是一种地方信仰，可以追溯到江户时代初期，但后来与明治时代的中央集权制一同被废除了。不过近年来有报告称：也有地方以极其私密的方式举行的与肘神信仰相关的祭祀活动。据文献记载，祭祀时要跳一种独

1　Aniota是animation otaku（动漫御宅族）的略语，wiki则指代不特定多数的用户可以通过网页浏览器直接编辑内容的网站。——译者注
2　https://w.atwiki.jp/aniwotawiki/pages/13617.html，2020年8月17日阅览。

203

特的舞蹈并虔诚祈祷。

我要重申一下，这里记载的所谓"民间传说"，在现实世界中是不存在的。这篇报道是以相声段子"肘神"为基础的二次创作。

由相声组合创造出的、仿佛是某种民间传说般的"肘神"，以及以此为基础在网络上二次创作的"地方信仰"，是一种"类民俗"现象。而且，这位虚构的神，被粉丝们误认为是真实存在的，于是以此为契机，在现实中建造了神社，这个行为便是"虚构传说现实化"。

Amabie热

2020年，随着新冠肺炎疫情的蔓延，一个叫作Amabie的妖怪开始走红。Amabie的形象最早见于1846年4月号的印刷小报（一种在江户城中销售的木版印刷品。通常报道一些新闻和"八卦"之类）。小报上对Amabie图画做出的说明是："因肥后国[1]的大海中每晚都有发光的物体出现，当地的官吏前去查看时发现了图中所画的妖怪从大海中现身。妖怪说'我叫Amabie，住在大海中。今后六年会是丰年，但同时也会有疫病流行，所以请尽快把我的样子画下来传给世人看，以保大家平安'。说完后，便又回到了海里。以下这幅Amabie图，是当时的官吏描绘下来的图像的翻印版。"

---

[1] 肥后国是日本古代令制国之一，其领域大约为现在的熊本县。——译者注

第七章 宗教之俗（vernacular）

图16 广田神社的Amabie护身符

之前，Amabie的画像或见于妖怪书籍，或在水木茂的漫画中重现，只为一部分对妖怪感兴趣的人所熟知。但在2020年，Amabie的传播方式大大超出了原本的范围，其形象渗透到了人们社会生活的各个角落，为世人所广泛接受。而且，它的流行不仅限于日本国内，还扩展到了海外。

2020年"Amabie热"发生的经过如下：

①2月27日，妖怪挂轴专卖店"大蛇堂"在推特（Twitter）上发帖说：现在病毒正以惊人的速度传播。妖怪界中有一个叫作Amabie的妖怪，它说："如出现流行疫病，可以将我的形象画出来

给世人看，以作为应对之策。"这段文字同时也搭配了大蛇堂独自设计的印有Amabie图案的挂轴画，来进行介绍说明。

②以这篇推特投稿为开端，在社交网络平台上不断有人上传各种各样改编的Amabie插画。同时，"Amabie""Amabie挑战"这类的话题标签也开始出现。"Amabie挑战"指的是很多人不断创作Amabie的插画，并在社交网络平台上上传投稿进行比拼。

③3月5日，收藏画有Amabie木版印刷画原图的京都大学附属图书馆，在推特上发布了木版印刷画的实物照片。

④在社交网络上兴起"Amabie热"的同时，现实世界里也开始出现Amabie的相关商品，如店铺前贴着的Amabie贴纸、制作成Amabie形象的点心等。另外，在神社和寺庙中，也出现了印有Amabie图案的护身符及神社御朱印[1]。

⑤4月9日，厚生劳动省在自己的官方推特和主页上，公布了用Amabie插画制作的防止新型冠状病毒感染扩大的宣传图标。Amabie相关的一系列动态，不仅在日本国内的报纸和电视上被报道，而且受到了国外媒体的关注。

⑥在国外，也有很多人画Amabie的插画，并在社交网络平台上投稿展示。

从刊登了Amabie的小报的江户时代，到出现Amabie热潮的现

---

[1] 御朱印是指日本神社与寺院授予参拜者的参拜凭证。神社的御朱印多为印＋神社名这种简单的图案。——译者注

第七章　宗教之俗（vernacular）

代，对于一系列的Amabie现象，我们可以通过"类民俗"现象的观点来进行解读。

在江户时代，流传着许多与Amabie类似的妖怪的传说。比如Amabiko（海彦、尼彦、天日子）、神社姬之类。据说这类妖怪能预言瘟疫的流行，并自称人们只要把它们的样子画下来带在身边，就能保护自己不受瘟疫的侵袭。登载妖怪相关内容的小报印刷品，被大量保存了下来[1]。

不过，我们已无从考证这些妖怪传说产生的出发点究竟是怎样的，是某个地方的某个人幻视了从海里出现的不可思议的生物，并将其讲述的内容记录了下来？还是从一开始便是小报印刷品的制作者创造了这些妖怪形象，并将其描绘在了印刷品上呢？

我们并不能否定后者的可能性，因为江户时代的小报印刷品都是商品，是以销售为目的进行制作的。Amabie系列的印刷品，实质是通过妖怪形象引发人们的好奇心，并将Amabie形象作为除去疫病的护身符（只要持有画着妖怪模样的物品或将妖怪形象贴在门口就能免受疫病侵袭）来进行销售。倘若如此，不难想象，报纸印刷品的制作者们可能会不厌其烦地创作出各种奇谈怪论和奇异图像。江户时代的小报印刷品，原本就与现代的小报十分相似。很多有趣的报道，都是将现实中发生的事加以虚构想象，通过虚实混杂的方式创作出来的（森田健司：《瓦版解读江户大事件》，彩图社，

1　有人认为Amabie可能是Amabiko的误记（汤本豪一：《妖怪"Amabie"的真面目》，汤本豪一编，《明治妖怪新闻》，柏书房，1999年）。

2015年)。

此外，即使Amabie系列的妖怪传说的起源是对真实人物的幻视，我们也可以想象到，在将其制作成小报印刷品的过程中，一定不乏夸张性的图像化创作。

基于这一点，我们可以认为，Amabie系列妖怪是契合于小报印刷品这种媒体商品的"类民俗"。

其次，当代"Amabie热"的流行，源于"大蛇堂"发布的推特。"大蛇堂"是以民间传说中的妖怪为灵感，以自己独特的感觉和品位绘制了妖怪画，然后装裱成挂轴画进行销售的商家。2月27日在推特上发布的Amabie挂轴画就是其作品之一。进入21世纪以后，在大众流行文化中，出现了很多"类民俗"式的妖怪，"大蛇堂"的营销行为也符合这一动向。

"大蛇堂"创造的一系列妖怪画，是民间传说式的（带有民间传说风格的）创造物，即"类民俗"。受其启发、相继诞生的带有"Amabie""Amabie挑战"话题标签等的一系列作品群，也是"类民俗"。

除此之外，创作Amabie作品的行为、被称为"Amabie挑战"的作品创作过程，则是通过能动性的参与和行动将故事现实化的过程，即"虚构传说的现实化"。

这一系列的Amabie作品，相当于民俗学术语中的"系列"（cycle）。系列是一个民俗学使用已久的概念，指"以传说的主人公为中心产生的一系列故事、歌谣"（斯蒂斯·汤普森:《民间传说——世界的传说及其分类》，荒木博之、石原妥协代译，八坂书店，2013年）。例如，说到"灰姑娘系列"，指的就是古今中外以灰姑娘（相当于少女）为主人公的一系列故事。

系列也存在于现代的网络上。民俗学所说的"模因（meme）系列"，指的就是网络上的系列。这里的"模因"是指"一点一点改变模样传递出去的人物等的数码图像"，大多是一些调侃性、讽刺性的内容。日本的拼贴图像（由照片和插画加工而成的调侃性数码图像），是"模因"的一种。而这个图像"被一点一点改变模样传递出去"的过程，便是"模因系列"。

社交网络平台上的Amabie图像，就是被"一点一点改变模样传递出去的数码图像"，所以可以说相当于"模因"。而在网络上Amabie被不断进行创作的过程，就是"模因系列"。

产生"模因系列"的场所，最主要是在网络上，但有时网络之外的现实世界也可能成为"模因系列"的场所。Amabie的情况就是如此，不仅在网络上流传，还在现实中被画在纸上、被做成点心等等。也就是说，"Amabie系列"是超越了网络世界和现实世界的边界而展开的"模因系列"。

接下来，让我们从一个具体的"虚构传说现实化"的个案，来进一步考察"Amabie系列"的发展。

长野县松木市有一家名为"阿静"的老字号饭馆。年轻的店主市东真一先生是一位一边开店，一边活跃于当地的民俗学者，他做了一个有关Amabie的非常有趣的实践活动，并将活动情况写成了报告［《"阿静"饭馆的Amabie护身牌》，《长野县民俗会通讯》（227），2020年］。其实践活动经过如下：

　　4月初，新冠病毒感染范围的扩大，导致了客流量减少。市东先生在社交网络平台上看到Amabie的插画正在广泛传播，于是便在橡皮上刻上了Amabie的形象，再用这个雕刻出来的橡皮印章印制出小小的护身卡。他想："分发一些带有Amabie图案的物品，多少会有点宣传效果，说不定还能成为招徕顾客的契机呢。"4月6日，最初的100份护身卡制作完成后，市东先生就前往御岳教松本教会做了注入神灵的"开光"仪式[1]。"阿静"饭馆供奉稻荷社的神事仪式，都是委托御岳教松本教会做的。"开光"过的Amabie卡摆放在了收银台旁边，结果开门一小时后，放置在收银台旁边的60张卡，就全部被客人拿走了。数日后，当地的《市民时报》和《信浓每日新闻》争相报道了这件事情。之后，有很多顾客为了得到该店的Amabie卡来到店里。

　　得到Amabie卡的人们，大多把它放进钱包或者笔记本里，也有人会问"怎样供奉才好呢？""有不能放置的方位吗？"之类的问题。还有人将其贴在了玄关和客厅里。

　　4月15日，市东先生带着增印的Amabie卡，再次拜访了御岳教松本教会为卡片"开光"。在教会里，上次开光仪式后留下的Amabie卡，被放置于神前带底座的方木盘（给神佛供奉物品时使用

---

[1] 御岳教是以山岳信仰为基础的一个神道教的教派。

第七章　宗教之俗（vernacular）

的台子，是用桧木的白木制作而成的）上，用水和酒供奉着。

据教会会长说，他们每天都会供奉这些Amabie卡，祈祷新冠病毒消散。当市东先生解释说"Amabie是妖怪"时，会长回应道："Amabie一定是少彦名命的化身。"少彦名命是木曾御岳山祭祀的御岳教的祭神之一，被认为是"掌管延长寿命、疾病治愈、魔法巫术的神"。

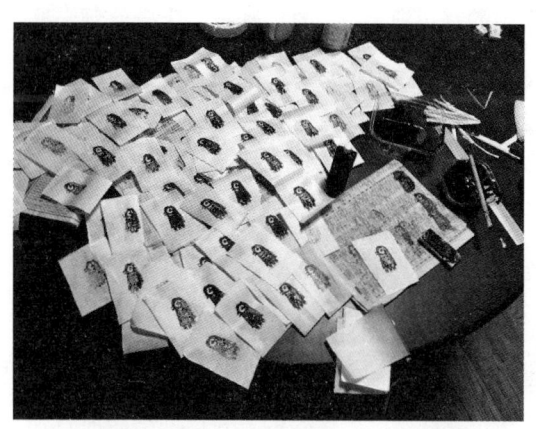

图17　制作中的Amabie护身卡（松本市"阿静"）

教会会长通过把Amabie解释为少彦名命，让其化身为神，以便将其当成神明来供奉。"'阿静'Amabie护身卡"同时也被松本市大村的玄向寺供奉着。据住持说："在这种非常时期，不管是神、佛、还是妖怪，我们都应该拜一拜，以祈求疫情退散。"

针对这种情况，市东先生表示："我做梦也没有想到自己做的Amabie橡皮图章会成为人们信奉的对象。但是，就连橡皮图章都会

211

被信奉，足以说明人们对新型冠状病毒有多么的恐惧。"[1]

3. 作为全球性宗教习俗的稻荷信仰

每年有很多外国游客到访京都，最受他们欢迎的景点之一，是日本全国稻荷信仰的据点——伏见稻荷大社。在通往神社的神体山——稻荷山的登山道上，鸟居[2]密布，十分壮观，这也是其深受欢迎的理由之一。

稻荷信仰是指祭祀农耕之神（祭神名为"宇迦之魂大神"等），并拜祭神之使者——狐狸的信仰。以京都的伏见稻荷大社、佐贺县的佑德稻荷神社、爱知县的丰川稻荷、冈山县的最上稻荷为首，稻荷神社遍布全日本，与天神信仰（供奉菅原道真）、八幡信仰（供奉八幡神）一同成为日本的代表性神道信仰。

现今，有关稻荷信仰发生了一个有趣的现象。那就是，在欧美出现了一批通过互联网以个性化的方式信仰稻荷神的人。

从我的研究室出道的民俗学者冈本真生对这一现象进行了调

---

[1] 在市东先生的报告之后，"'阿静'护身卡"还有后续故事。进入5月后，店里在发放Amabie护身卡的同时，开始分发"Amabiko"的护身卡。1876年6月21日的《长野新闻》上登载了一篇肥后国出现"尼彦"（Amabiko）的报道。"阿静"店里发的"Amabiko"护身卡的Amabiko形象，就是用橡皮印章临摹的报道中的附图。与Amabie护身卡一起被放在店里的Amabiko护身卡，同样博得了巨大的人气。截至7月，市东先生制作的这两种护身卡共计有1000张左右。
[2] 指类似牌坊的日本神社的附属建筑。鸟居代表神域的入口，用于区分神栖息的神域和人类居住的世俗界。——译者注

第七章　宗教之俗（vernacular）

查［冈本真生，《被不断创造出来的宗教性习俗——以稻荷信仰为事例》，《关西学院大学先端社会研究所纪要》（15），2018年］。以下，让我们借助冈本的研究，来一窥作为全球性宗教习俗的"稻荷信仰"（Inari Faith）。

在"脸书"（Facebook）上，有个名为"Inari Faith International"（IFI：稻荷信仰国际协会）的公开团体[1]。成员以欧美人为著，约有600名（截至2020年8月1日）。他们在这个公开团体的"脸书"发布自己制作的祭坛照片、交换评论，以及交流关于稻荷神和神道教的知识。在该团体组织内部，信奉稻荷神的发帖者们陈述自己对稻荷信仰的独特见解，并相互交流；讲述自己关于信奉稻荷神的不可思议的体验；还会就"可以供奉网购的护身牌吗？"之类的问题进行咨询探讨。

IFI网站首页上刊登了下述对该团体组织的"说明"（原文为英语）。

> 稻荷信仰国际协会（IFI:Inari Faith International）是为全世界的稻荷信徒而设立的团体组织。我们的目的是：建立一个信徒之间学习、交流的团体，在稻荷神社的国际化支援下，使信众可以近距离接触稻荷的传统。
>
> 稻荷的信徒可以采用各种各样的信仰形式。稻荷传统的特性就

---

[1] https://www.facebook.com/groups/inarifaith，2020年8月1日阅览。

213

是包容多样性。IFI的目标是向各个信徒提供在信仰上和个人方面都能成长的强有力的社群支持，并提供稻荷的相关资源。

制作这个公开网页的，是住在美国加利福尼亚州的广播媒体工程师加里·考克斯（Gary Cox）先生。他在接受法国精神心灵类网站"Equi-nox[1]"的采访时回答说：

我生长在基督教卫理公会（Methodist）教派的家庭，从小就对基督教以外的神秘神灵和心灵现象很感兴趣。十几岁的时候，有一次伊斯兰教信众来教会进行宗教对话交流，以此为契机，我开始探究非基督教的宗教，特别是那些将自然与信仰融为一体的宗教。在此过程中，有一次我通过观看动画片《犬夜叉》，接触到了日本的神道教。

此后，我便开始深入学习日本的神道教。在神道教的众神中，稻荷神深深吸引了我。我在大学时代曾运营过一个学生社团，一度把自己当成了威肯（wiccan）（巫术宗教的信徒）。这个社团践行异教（payganism）信仰（古欧洲、也就是基督教以前的自然崇拜，是多神教）和秘教宗教信仰。因为稻荷信仰是一种民俗神道（folk shointo），具有很多与异教（payganism）相通的密教要素，所以对当时的我来说，特别有魅力。但由于稻荷信仰是由伏见稻荷大社管

---

[1] https://www.equi-nox.net/t10647-interview-with-gary-cox-inari-faith-international-vo，2020年8月1日阅览。

第七章　宗教之俗（vernacular）

辖的官方宗教，所以我一直不怎么公开说这件事。

考克斯于2013年参拜了伏见稻荷大社，请到1个稻荷大神的神玺，在自己加利福尼亚的家中设立了祭坛供奉。这个稻荷劝请（授灵祭祀）仪式是按照伏见稻荷大社的正式做法进行的，但在考克斯与伏见稻荷大社之间，并没有其他更为正式的关系。

公开团体IFI于2014年成立。该团体组织一成立，就吸引了来自世界各地的稻荷信徒参加。这个组织也会举行线下会议，参加者以居住在美国西海岸的信众为主。

只要看看IFI在"脸书"上投稿的报道，立刻就能明白，在参加者对稻荷信仰的实践和解读中，包含了超越伏见稻荷大社正式发布的稻荷信仰的一些内容。代表人物考克斯自是如此，在参加者中，不乏将稻荷信仰作为一种异教（payganism），用神秘主义的语境来理解的人。与稻荷信仰一样，可以说，祭祀古埃及的贝斯特（Bastet，猫神，常常是异教徒的信仰）等也是相似的事例。

关于这一点，考克斯在一篇采访文章中表示，"IFI的成员们都认为，比起将这个团体置于单一的神社、单一的角色、单一的解释之下，还是维持开放的状态最好"（网站Green Shinto[1]）。

从以上事例可以看出，以互联网为媒介，在海外展开了与日本国内正式宗教体系不同性质的作为"全球性习俗"（global vernacu-

---

[1] https://www.greenshinto.com/wp/2014/05/27/international-inari/，2020年8月1日阅览。

lar）的宗教世界。

现在，宗教性习俗（vernacular）的创造和实践已超越国境，民俗学的对象在不断扩大。

专栏③

现代的"座敷童子"

2019年，我为本科三年级学生开设了民俗学研讨课，研讨课的田野调查地点是北海道的室兰市。当时有一名参加研讨课的学生，将调研题目设为"室兰的座敷童子"。这名学生是北海道人，其姑母姑父在室兰经营一家居酒屋。他说："听姑母说她家的店里有'座敷童子'，所以我非常希望能将'座敷童子'作为调查主题。"

所谓"座敷童子"，是指住在家宅及仓库等场所，以孩童模样现身的精灵。传说只要有"座敷童子"在，家族就会繁盛；而一旦"座敷童子"离开，家族便会没落。在日本东北地区，有很多关于"座敷童子"的传说。不过，也有记录表明，近世[1]在江户（现在的东京）也曾出现"座敷童子"。据《游历杂记 第二篇下》（十方庵敬顺，1815年）记载，江户一家庄园领主的仓库里曾出现过"小和尚"模样的"妖怪"（也有以鬼女、蚯蚓等各种各样的形态出现的情况）。此外，根据民俗学的调查和研究得知，爱知、山梨、香川、

---

[1] 日本历史上的近世，主要指江户时代（1603—1868）。——译者注

第七章　宗教之俗（vernacular）

德岛、爱媛等地也有类似的传承。然而有趣的是，这次要调查的"座敷童子"却是出现在当代的室兰。

关于室兰的"座敷童子"的调查，这名学生不仅对其姑母姑父进行了访谈，还咨询了以厨师长为首的所有工作人员。店主和工作人员讲述了他们在店里多次目击"座敷童子"的情况。

在"四号桌"和"五号桌"的地方，经常能看到一个笑眯眯的小男孩。

一名负责清洗餐具的工作人员说：从自己的工作间看到通往店内的通道上，跑过一个五六岁左右的男孩。他看见过两次。

有位员工说：某次有一家人来店里的时候，明明看到是父亲、母亲、儿子、女儿的一家四口人，但去了他们就座的桌边，却发现没有女孩。以为是去洗手间了，便直接问了这家人，他们回答说是三口之家。这名员工看到的女孩大约是小学三四年级的学生模样。

厨师长的一次经历。小店二楼的墙上装有一面镜子。有一天，厨师长在照镜子时，发现镜子里有个小小的男童。看到那个孩子时，厨师长一点也不害怕，反而想要跟孩子说："怎么了？肚子饿了吗？"厨师长补充说："要是那个孩子戴着姓名卡什么的，并且在卡上写着他最想要的东西的话，也许我就能帮他做点什么。"

目前，说看到过"座敷童子"的人都是店员，没有搜集到客人目击了"座敷童子"的相关信息。

基于这一系列的目击信息，店主夫妇认为：自家店里住着"座敷童子"，"座敷童子"是自家店铺的守护神，而非一个可怕的存在。而且，他们说："也许是因为有'座敷童子'的加持，所以店铺的经营非常顺利。"

以上是该名学生撰写的调查报告的内容要点。为此，我们进一步调查了一下是否存在与上述现代"座敷童子"类似的例子。结果表明：在岐阜市的鳗鱼料理店、兵库县筱山市的面包店、岩手县和山形县的几家日式旅馆等地，也有人说看到了"座敷童子"。

上述的这些店面和旅馆大多设有供奉"座敷童子"的供台，供台上摆放着许多供奉给"座敷童子"的供品。这些供品，大多是由听到"座敷童子"出现的传闻后慕名前来的客人带来的。而且，如果传闻某家旅馆里有"座敷童子"的话，预约会出现"座敷童子"的房间的客人就会特别多，有时要等一年以上才能订到这个房间。

此外，在岩手县远野市的早池峰神社，每年的4月29日都会举办"座敷童子祈愿祭"的活动。这个活动很有意思。该祭节举行的活动中，有一项祈请"早池峰大神"的分身附体于"座敷童子"人偶的仪式。仪式流程为：神社准备好100个新做的"座敷童子"人偶，在"祈愿祭"这一天举行仪式，祈请神灵的分身入驻这些人偶。仪式活动结束之后，再将这些具备了灵性的人偶送给事先有预订的参拜者。不仅如此，以前得到过这种人偶的参拜者，每年也会在这一天将人偶带回来，这被称作"座敷童子"回娘家。而且，他们还会在这个祭典上，祈请新的神灵入驻自己的"座敷童子"人偶。

第七章　宗教之俗（vernacular）

图18　"座敷童子祈愿祭"（远野市早池峰神社。早池峰神社/远野市博物馆提供）

早池峰神社的"座敷童子祈愿祭"始于1988年，源于发生在一位企业家身上的不可思议的经历。这位企业家住在新潟县，在一次参拜早池峰神社的归途中，不知为何，他感到汽车的尾部很重。回家后，他请来巫师作法，据说神灵附体巫师后借巫师的口说道："我是早池峰神社的'座敷童子'，想到你家住一阵子，所以搭了你的车。"又说，"我有很多伙伴，我们都是早池峰大神的使者"等等。据说从那以后，这名企业家的公司就开始生意兴隆。

也就基于这个故事，早池峰神社才想到将"座敷童子"人偶送给前来参拜的人，由他们将人偶带到各地，即让"座敷童子"去各地出差（远野市立博物馆第55次特别展图录《座敷童子》，远野市立博物馆，2007年）。

早池峰神社的个案，可谓一种当地独有的信仰形态，比如："座敷童子"以人偶的形象出现；每年由神社将人偶赐予参拜客；

219

"座敷童子"人偶可以"回娘家"更新入驻的神灵分身；等等，这在其他"座敷童子"的事例中并不可见。

综上所述，我们可以说，"座敷童子"在适应现代环境的同时，仍然还能保持着传统的精髓。

专栏④

新年参拜时有必要排队吗？

近十年来，我一直很在意一件事。那就是，去神社进行新年参拜的时候要排队。几乎每个神社的拜殿前，都会有参拜者排成的两列长龙，这让我总觉得有点违和。

当然，为避免发生危险，在狭窄的楼梯上的确需要排队；在等待前去摇响大殿前的垂铃时，也应该排队。这些完全没有问题。我在意的是，尽管参拜者队列的左右两边有足够的空间可供人们前往拜殿，但却没有人这么做，后来的人始终会站在两列队伍的最后排队。

过去，神社内的参拜路上挤满了人，人们涌向正殿，在殿前一边互相谦让着，一边祭拜。想要击响殿前垂铃的人或许有类似的排队等待的经历，但以前好像也没有多少人在意是否要去摇铃。

变化是十年前左右开始的。进入 21 世纪以来，"灵力热"（参照本章）盛行，所谓"正确"参拜神社的方法，经由书籍、网络、

第七章　宗教之俗（vernacular）

电视等媒介被广泛传播。在这些传播的内容中，有时会包含参拜方式的指导。如要求"排好队有秩序地参拜"，"参拜结束后，穿过鸟居的时候要回一下头，再一次朝向正殿方向深深鞠躬致敬"，等等。

造成"只排两列长队"的主要原因之一，也许正是这种"对礼仪规范的强调"。并且，"穿过鸟居离开神社时的鞠躬致敬"也是近十年来才变得司空见惯的，之前基本没有人会这样做。

造成"只排两列长队"的另一个原因，应该是参拜者不经思考的跟风行为。即使队列的左右两侧有充足的空间，参拜者也不会去质疑排队有无不妥。只要看到有排好的队伍在，他们就去队伍的末尾排队。不过在这种情况下，或许也有些人是因为在队伍后面看不到前面的情况，只好跟在后面排队。

不管是上述哪一种原因，我并不打算不分青红皂白地指责这样的行为。但作为一个了解过去实际情况的人，我还是想强调一下："如果没有必须排队的特殊理由的话，完全可以不排队，大步走向正殿，按照自己喜欢的方式去参拜就好。"

此外，神社方面似乎也希望参拜者多多利用参道及拜殿前富余的空间（特殊情况除外），自由地行至殿前参拜，而不是以在殿前列队的方式参拜。比如，有的神社会在正殿的墙壁上张贴"请从旁侧过来参拜""请从左右两侧上前参拜"等告示。也有些神社，为了不让参拜者因为摇铃而排队，会在正月里把垂铃收卷起来。以上这些做法也许可以佐证神社一方在这件事上的立场。

图19 "请从左右两侧来参拜"（岐阜县海津市千代保稻荷神社）

接下来，希望大家想一想明治神宫和住吉大社的参拜场景。神社里因参拜的人流而熙熙攘攘，即便是现在，也看不到悠闲地排成两列依次参拜的景象（出于安全警戒目的施行通行限制、交通疏导时，会有要求参拜者排队等候的情况。但这与"只排两列长队"，在性质上是迥然不同的）。

关于"只排两列长队"，有人会说"因为这是理所当然的""因为就应该是这样的""因为是显而易见的事""因为是专家说的"等等。柳田国男将这种自己不动脑筋，盲从别人的行为称为"事大主义"[1]（趋炎附势主义），并进行了批判。他说：通过民俗学式的世态观察及自我内省，可以摆脱这种"事大主义"。（室井康成：《事大主

---

[1] "事大主义"是一种儒家的外交理念，是基于强弱力量对比情况之下小国侍奉大国以保存自身的策略。"事大"一词最早出现在《周礼》《孟子》等中国先秦古籍中，而"事大主义"则是日本思想家福泽谕吉总结出来的概念。——译者注

第七章　宗教之俗（vernacular）

义——日本、朝鲜、冲绳的自虐和侮蔑》，中央公论社，2019 年）

如果柳田先生看到这种"只排两列长队"的景象，肯定也会说，"如果没有什么特殊原因，就不要排这种队了"。

结　语

　　民俗学是"大家的学问"［原本"民俗"（folklore）中的"民"（folk）就有"大家"的意思，用英语说"大家好"时，常常会使用这个词］。所以，在日本，各行各业的人都参与到民俗学的调查及研究中。在日本民俗学学会（民俗研究者团体）的会员中，除了隶属于大学、博物馆等公共研究机构的研究人员外，还包括公司职员、企业管理人员、公务员、家庭主妇、教师、医护人员、社会福利事业相关人员、宗教人士、议员等各类人士。

　　一位参加了日本民俗学会年会（一年一次的学术大会）的文化人类学者，表述了他对学会的印象：

　　这个学会的志向与社会学、文化人类学都不一样。坦率地说，它给人一种不"规范"的感觉。换句话说，就是很有个性。也许是因为与人类学和社会学的学会不同，很多会员并非学院派，他们在

结　语

学术世界之外拥有其他生活身份，所以这个学会才会显得"别具一格"吧。不可思议的是，相较社会学和人类学来说，民俗学更富多样性。文化人类学是以海外文化为研究对象的，按理说应该更加富有个性和多样性，但也许是因为研究者为了生存，大多遵循学术研究的某种套路，所以文化人类学有种被"规范化"了的感觉。

参加学会后，令我感到非常吃惊的是，学会有很多年轻的女性会员。年轻女性多，意味着这个学会的环境比较宽松，未来十分光明。我原本以为，民俗学研究者中都是一些被奉为"老师"的老龄男性，居然有年轻女性参与其中，从积极的意义上来说，这一点出乎了我的意料（民俗学原本就非常平等，其明显的表现为：一直到几年前，会员名头只写出生地）。

［根据九州大学准教授饭岛秀治的"脸书"公开帖（2015年10月11日）］

民俗学常被称为"在野之学""民间学""草根之学"，表明民俗学这门学问不仅限于学院派研究。

很多前辈实践了民俗学的"在野之学"研究。比如，长期生活在美国、英国的南方熊楠先生回到日本后，在和歌山县的"田边"这个地方建立了自己的研究据点，向世界不断传递自己的研究成果。大半生时间都在民间进行旅行和写作的宫本常一先生，为乡村和离岛的振兴而奔走。曾经做过平凡社编辑的谷川健一先生，后来成了"在野"的民俗学者，等等。他们都是世界瞩目的民俗学者，也是"民间学者"（虽然宫本和谷川晚年都被聘请为大学教授，为年轻人讲授民俗学，但他们作为民间学者的"在野"精神丝毫没有动摇过）。

实践"在野之学"精神的，不仅只有这三位民俗学的"巨人"。很多人都将民俗学的思想和实践引入生活中，在每一天的生活中践行和研究民俗学，并主动将自己的调查研究成果公之于众。日本民俗学学会的大部分会员都是这样的研究者。如果没有这些民间研究者，民俗学便无法成立，民俗学的存在意义也会丧失。

我写这本书的目的，是希望有更多的人对民俗学感兴趣。可能的话，希望大家一起来学习民俗学，并付诸实践。民俗学是每个人都可以参与的学问。希望阅读本书的您，也成为民俗学研究的一员。

在此，我想为阅读本书并对民俗学感兴趣的各位读者提供一些参考建议。

接下来读什么书好呢？

关于民俗学的学问体系，我想推荐桑山敬己、岛村恭则、铃木慎一郎撰写的《文化人类学和现代民俗学》（风响社，2019年）一书，作为了解民俗学基础知识的读本。虽然是一本100页的小书，但结构紧凑，内容充实。从中不仅可以学到现代民俗学的基本知识，还可以了解文化人类学的基本情况。

民俗学研究的田野调查入门书有高冈弘幸、岛村恭则、川村

结　语

清志、松村薰子编著的《民俗学读本——去做田野吧》（晃洋书房，2019年）。在书中，13位研究人员通过讲述各自的实地调查经验，展示了民俗学田野调查的魅力。

岛村恭则的《以民俗学为生——迈向vernacular研究之路》（晃洋书房，2020年），则是通过一位民俗学者的研究经历，告诉大家民俗学的内涵是什么。这本书可以定位为本书的续篇。

宫田登的《民俗学》（讲谈社学术文库，2019年）是一本通俗易懂的民俗学入门书。这本书是宫田在广播大学颇受学生欢迎的民俗学课程教材的翻印版。宫田教授是20世纪后半叶日本民俗学界的代表性民俗学者，也是我研究生时代的恩师。

我还想为大家推荐宫田登教授写的另外两本民俗学入门书。《民俗学的邀约》（筑摩新书，1996年）和《初识民俗学——恐怖从何而来》（筑摩学艺文库，2012年）。这两本书都列举了许多有趣的事例，非常通俗易读，后者原本是面向高中生写的。

此外，我还希望大家去读一读柳田国男、折口信夫、南方熊楠、宫本常一的著作。

我觉得可以从《故乡七十年》（讲谈社学术文库，2016年）一书入手，进入柳田国男的世界。

柳田先生在83岁时，向评论家嘉治隆一讲述了自己的一生及学术研究。讲述的内容在《神户新闻》上分次连载。后来连载内容被汇编成书，就是这本《故乡七十年》。这本书中包含了很多柳田先生对自己著作的解读，非常适合作为柳田民俗学的入门书。读者可将这本书作为阅读指南，进入柳田庞大的著作群。柳田先生的代表性著作，基本都已被岩波和角川等出版社编入"岩波文库"和"角川索菲亚文库"等文库出版。

民俗摄影家芳贺日出男的《用照片追寻折口信夫的古代》（角川索菲亚文库，2107年）是指引我们了解折口信夫的一本佳作。曾在折口先生门下学习过的芳贺，用自己拍摄的大量照片解读了折口先生的学说。折口信夫的文章被公认为不易阅读，我想如果一边读这本书，一边根据指引进入折口的著作群的话，或许就能读懂折口的文章了。折口的代表性著作已被角川出版社编入"角川索菲亚文库"出版，很容易买到。

关于南方熊楠，我想推荐收集了他的代表性著作的《南方熊楠选集》系列全四卷（河出文库，1991—1992年）。在习惯南方熊楠的写作风格之前，或许也会觉得他的文章很难理解。但本系列在各卷的开头部分，均有中泽新一（一位民俗学造诣很深的人类学者）对本卷内容的详细解读。阅读完解说文章再进入书籍正文，就会比较轻松。

宫本常一的每一本著作都浅显易懂，只要是高中生以上的文化水平，谁都可以轻松阅读。他的名作《被遗忘的日本人》（岩波文库，1984年）非常值得一读；同时，我还推荐大家去阅读他的《民俗的故乡》（河出文库，2012年）。这本书不仅描写了宫本熟知的农村生活，对城市生活也着墨不少。在书中，人们习以为常的日常生活中隐藏的令人意外的潜在法则被一个接一个地揭开，甚是有

结 语

趣。此外，我还想推荐一本他的自传性质的民俗学入门书《民俗学之旅》（讲谈社学术文库，1993 年）。

在学习民俗学时，希望大家活用民俗学的词典。民俗学的词典有很多种，其中最为详细的一部词典，是福田亚细男等人编著的《日本民俗大辞典》（吉川弘文馆，1999—2000 年），该辞典由上、下两卷构成。

在大学本科及研究生阶段该如何学习民俗学？

日本民俗学会网站的主页上，登载有开设民俗学专业的大学一览表，以及任课教师姓名和开课目录，大家可以作为参考。

我所在的关西学院大学的社会系的社会学研究专业是日本民俗学教育的基地之一。在这里，可以本硕博连读学习民俗学。本专业的课程体系包括田野调查的实践课程，涉及民俗学的所有范畴。特别是，民俗学理论和海外民俗学动向是本专业的优势课程。本课程的最大特征是，除民俗学外，文化人类学和社会学也被纳入课程体系之中。

社会人士想要学习民俗学时

社会人士想学习民俗学时，请联系关西学院大学世界民俗学研究中心（联系方式参照中心的网站），该中心由我担任主任。在社会上普及民俗学知识是本中心的重要使命，我们会积极协助地方做好相关工作。比如举办以本书为教材的民俗学学习会或读书会，应该会很有趣。

到此为止，民俗学的话题我们就暂告一段落。还有很多想为大家解说的专题，待以后有机会再为大家介绍。

本书撰写过程中，得到了前川沙织女士（远野市立博物馆）、市东真一先生（长野县民俗会）、高桥堇女士（关西学院大学）等多人提供的珍贵资料。同时，我尊敬的友人九州大学饭岛秀治副教授允许我引用其在"脸书"上的文字。谨向以上各位表示感谢。

从本书的策划、编辑到出版的各个阶段，我都得到了平凡社新书编辑部的滨下加奈子女士的大力支持和帮助。在此深表感谢。

岛村恭则

2020年9月1日

附　录

田野调查的愉悦与焦虑
——我在宫古岛狩俣村的调查经历

一、邂逅冲绳

上大学的时候，我一边在文学系国文专业就读，一边怀着对民俗学的浓厚兴趣，加入了民俗学研究会，开始学习民俗学。大学一年级的暑假，我和研究会的伙伴们一起去岐阜县郡上郡山间部的"高鹫村"做了一次田野调查，那是我参加的第一次民俗学调查。之后还去过岩手县九户郡的九户村、群马县甘乐郡的南牧村、鹿儿岛县的志布志市等地进行调查。其间，在升入三年级之前的寒假，即1988年2月，我独自去了一趟冲绳，这次冲绳之行对我后来的人生规划起到了决定性的影响。那霸市和糸满市内迷宫般的古老街道、从久高岛海岸看到的地平线、在石垣岛遇见的担任神婆的女性们,都给我留下了深刻的印象。由此,我决定赴南岛,即奄美、冲绳群岛开展田野调查,并依据调查内容撰写我的本科毕业论文。

升入三年级后,我收集、研读了很多研究冲绳的著作和论文,熟读了谷川健一[1]、小岛樱礼[2]、伊藤干治[3]、村武精一[4]、渡辺欣雄[5]等名家的著述。其中,我抱着对冲绳特殊的憧憬之情,拜读了山下欣一的《奄美传说的研究》[6]和野口武德《冲绳池间岛民俗志》[7]。

《奄美传说的研究》一书运用了翔实的资料,论证了被称为"YUTA"的民间巫师(shaman)在奄美民间传说的传承过程中所起的媒介作用。对于隶属于国文专业、却研修民俗学、对传说和神话

---

[1] 谷川健一,民俗学者(1921—2013),以冲绳研究为主的众多著作被收录在《谷川健一全集》(富山房国际,2007—2013年)中。

[2] 小岛樱礼,1935年生。民俗学者、国文学家、琉球大学名誉教授。著有《琉球学的视角》(柏书房,1983年)等书。

[3] 伊藤干治,1930年出生,2016年去世。民俗学者、宗教人类学者、国立民族学博物馆名誉教授,原成城大学教授。著有《冲绳的宗教人类学》(弘文堂,1980年)等书。

[4] 村武精一,1928年出生的社会人类学者,东京都立大学名誉教授。著有《神、共同、丰饶——冲绳民俗论》(未来社,1975年)等书。

[5] 渡辺欣雄,出生于1947年的社会人类学者,首都大学东京名誉教授。著有《冲绳的社会组织和世界观》(新泉社,1985年)等书。

[6] 山下欣一,出生于1929年的民俗学家,鹿儿岛国际大学名誉教授。《奄美传说的研究》是法政大学出版社于1979年出版发行。此外,山下欣一还有《奄美的萨满信仰》(弘文堂,1977年)等著作。

[7] 野口武德,民俗学者(1933—1986)、社会人类学者,原成城大学教授。《冲绳池间岛民俗志》一书由未来社1972年出版发行。此外,野口武德还有《南岛研究的岁月——冲绳与民俗学的邂逅》(东海大学出版会,1980年)等著作。

格外感兴趣的我来说，山下欣一的《奄美传说的研究》为我的研究指明了方向。

《冲绳池间岛民俗志》一书是作者野口武德在其攻读研究生期间，在宫古群岛的一个岛屿——池间岛上，长期参与观察后执笔著写的民族志。该书中近三分之一的内容是类似调查日志的记述，生动地描写了与池间岛的村民们打成一片的年轻作者，从岛上的人们那里学习池间岛的社会和文化习俗的过程。因为我也打算去冲绳深入进行实地考察，所以读到这本书，我强烈感受到作者所写的体验，正是我想要去做的田野。

二、赴宫古岛

三年级接近尾声的时候，终于要写毕业论文了。彼时，我正沉醉于阅读《奄美传说的研究》一书，所以思来想去，我将毕业论文的研究课题定为"民间神话"。我这里说的"民间神话"，并非指古代文献中记录的神话，而是在民间村落社会中实际流传的神话传说。山下欣一教授调查的是奄美群岛，于是我决定把同属冲绳的宫古岛作为田野工作的主场。之所以选择宫古岛，是因为受到《冲绳池间岛民俗志》的影响。具体而言，我决定将宫古岛的狩俣村作为田野对象。狩俣村因流传着创世神话而闻名，而且狩俣村与池间岛正好隔岸相望。

因为论文的课题计划，是夏天入住狩俣村进行三个半月左右的实地调查，所以我决定在此之前先进行预备调查。我利用升入四年级之前的寒假赴宫古岛进行了预备调查，调查时住在宫古岛市区的旅馆里，连续五天每天坐公共汽车去狩俣村。当时做的第一件事是拜访狩俣村自治会长，说明调查缘由。我带了一瓶泡盛酒[1]去找会长，请求他的帮助。我告诉会长自己是一名大学生，想调查在狩俣流传的神话和传说，为方便深入实地考察，希望可以在村里租一间空房子住一段时间，等等。对于突然来访的大学生，自治会长根间平行先生非常热情地接待了我，并把移居那霸的他亲戚的空房子租给了我。那栋房子位于村落入口的附近。房租一个月只要1万日元，价格十分低廉。之后，我向掌管村落祭祀的神婆[2]们，以及在村落内遇到的人都做了自我介绍，算是知会一声，为夏天的田野调查做好了准备。

村子入口的石门（作者摄于2013年）

1　泡盛酒是琉球群岛特产的一种类似于烧酒的烈性饮料。——译者注
2　从居住在狩俣的女性们中公选出的司祭者。下文所提到的神婆，都是指这些公选出的司祭者。

三、田野调查的愉悦

正式调查于 7 月 1 日至 10 月 15 日之间进行。7 月 1 日，我按照预定计划抵达狩俣村，去事先租好的民房落脚。放下行李后，便出门去拜访了自治会长及其他村里的长者，傍晚时分回到租住的家中。大概是晚上 8 点多，我刚在榻榻米上躺下，忽然有什么东西从天花板上"吧嗒"一声掉了下来。因为房子比较老旧，我想可能是屋顶有什么东西脱落了吧。定睛一看，发现竟然有条长长的物体在房间的角落里蜿蜒爬行，居然是一条蛇！我吓得说不出话来，立即从房子里跑了出来。虽然当时很惊慌，不知如何是好，但我还是想到要先找到人，于是跑去了位于村落中央的小卖店（公共小卖部）。有几位中年人坐在小卖店门口的椅子上，正在热热闹闹地喝酒，我跟他们说了发生的事情。其中有个人对我说："那可不得了。今天就住我家算了。来来来！先一起喝点酒吧。"跟他们喝了一阵酒后，我就赶紧从有蛇的房子里取了行李，去往那个村民的家里。

小卖部（作者摄于2013年）

到了他家以后,我和他家里人打了一圈招呼,便说起了蛇掉下来的事情。家里的七十多岁的爷爷问我:"那条蛇是一只眼睛还是两只眼睛?"我回答说,因为当时过于吃惊没有仔细看蛇的眼睛,所以不清楚。老爷爷说:"如果是一只眼睛的话,那条蛇就是神。如果有两只眼睛的话,那就是条普通的蛇。"然后他给我讲述了一段狩俣的创世神话。

在狩俣,太阳之神被称为"Nmatida"。"Nma"是妈妈的意思,"Tida"是太阳的意思。很久以前,人类还没有出现,"Nmatida"从天上降落到了狩俣的一个叫作"大森"的森林里。然后,为了找到合适的居所开始步行。走了一阵子,看到前方有打湿了羽毛的乌鸦飞了起来,于是就去到乌鸦飞起的地方。在那里,发现有一汪泉水。水是生存下去不可缺少的资源,所以"Nmatida"决定就住在泉水的旁边。

一天晚上,一个年轻的武士来到"Nmatida"的身边,从那以后,武士每晚都会来找她。不久,"Nmatida"怀孕了。"Nmatida"很疑惑:"武士到底来自何方呢?"于是有一天,她把麻线穿在针上,把针扎在了武士的头发里。武士回去后,"Nmatida"就循着麻线找,发现那根线一直延伸到了那眼泉水里边。往里一看,里面有条蛇,那条蛇的一只眼睛被针扎了。原来武士就是这条蛇变的。

后来,"Nmatida"和这条蛇生下了孩子。他们的孩子就是狩俣人的祖先。因此在狩俣,一只眼的蛇就是生育了狩俣人的父神

"Asatida"。"Asa"是父亲,"Tida"是太阳的意思。

上文中我提及,狩俣是以鲜活的创世神话传说而闻名的[1]。老人家所讲述的故事,恰与那个创世神话的内容相同。他把我遇见蛇的经历跟狩俣的创世神话联系在了一起,使我在调查的第一天,就亲身体验到了创世神话被生动讲述的情形。

毫无疑问,对我来说,遇到蛇是一件不愉快的事,于是第二天就拜托了自治会长,请他给我找了一间相对比较新的空房子,然后搬去那里住。

狩俣实地考察时租住的房子(作者于2013年重访狩俣时拍摄)

终于开始调查了。调查首先是从与狩俣的人们处好关系开始

---

[1] 例如,作为研究狩俣的先行研究,有本永清《一九七三》一书,他分析了狩俣的创世神话。

的。当时在狩俣有个祠堂（村落祭祀用的祭祀设施），每天都会举行祭祀活动。掌管祭祀的是身为神婆的女性。我决定每天去那里观察活动过程并做访谈。神婆们欣然接受了我的请求，于是我便开始在祠堂一隅和大家一起参加祭祀活动。

狩俣的祠堂（作者摄于2013年）

狩俣的神婆们（作者摄于1989年）

同时，我想我有必要了解人们除宗教活动以外的日常生活状态，所以便有意识地和村子里的人攀谈，与他们逐渐熟悉起来。白天在家里的老年人很多，所以听到的多是上了年纪的老人们的闲谈。当然我也不是只跟老年人接触，也会去参加自治会的集会、青年会的活动，和村里的男女老少各种各样的人都亲近起来。特别是，我和青年会的成员几乎每天晚上都会在一起喝酒，而且必定参加傍晚开始的青年会的活动（比如做过节的准备和篮球的练习等），以及活动后的喝酒聚会。月圆之夜，月光之下，我们在小学校园里的晨会广播台上围坐在一起、喝着当地的泡盛酒，这一切都给我留下了难以忘怀的回忆。他们亲切称我为"Tarabari"，"Tarabari"是我所租借的房子的牌号。

我感觉调查进行得很顺利。与《冲绳池间岛民俗志》所描写的一样，我每天都在现场实地调查，并做了详细的现场调查笔记。当时我的心情可以用"愉悦"一词来形容。

四、焦虑

到达狩俣之后的两个月的愉快时光转瞬即逝。到了9月，我已经收集了很多关于狩俣"民俗"的观察和访谈记录。但就是从那时开始，我感到非常"焦虑"。虽然做了大量的田野调查的笔记，但是由论题、论证、结论组成的论文框架却完全无法呈现出来。例如，在"岁时活动""成长仪式""祭祀组织"等项目中，如果只是单纯罗列事例的话，手边已经有足够多的在调查中所获得的素材了，但仅仅罗列资料，算不上是论文。既然是论文，就必须进行原创性的问题设定，并对提出的论题进行符合逻辑且实证的论述，最后展示出原创性的结论。而我看着一堆材料却完全没有头绪。也许有人会认为：只是本科生的毕业论文，写一篇调查报告就足够了。但当时，我下定决心要攻读研究生，立志将来做一名研究人员，所以觉得无论如何也不能就写一篇调查报告交差。

思来想去，都想不出好的论文架构。田野笔记、关于狩俣的先行调查报告的复印件、与主题相关的先行研究的复印件等，这些资料堆成了小山。我在这些纸堆中翻来翻去，想来想去，怎么也想不出好点子来。就算偶尔有点灵感，一旦动起笔来，却还是无法写出论文的整体构架。进入9月以后，每天都持续着这种焦虑状态。那阵子，还曾在梦中听到过"不要调查神歌的起源"的声音。"起源"原本就不是我的论文主题，但可能因为"起源""变迁""功能""结构""动态"等各式各样的概念在我的脑海中反复逡巡，所以才会在梦里出现。

9月中旬的农历八月十五日的傍晚，全村举行了拔河活动。拔河的绳子由青年会负责制作，大家好几天前就开始每天晚上编绳子。我自然也参加了，而且活动当天，我还参加了拔河比赛。那天晚上回家后，不知为什么，一个人潸然泪下。和村里人一起拔河的喜悦，再过一个月左右就会离开这个村子的落寞，还有完全找不到论文架构的焦虑，这些情绪交织在一起，化作泪水喷涌而出。

可即便哭了鼻子，也还是想不出好主意。第二天依旧焦虑。伴随着每日的焦虑，不知不觉已到了 10 月。眼看就只有两个星期的时间了。难道在当地住了三个半月，最终还是写不出论文吗？我感觉自己完全被逼到了绝境。只是，尽管如此，我还是咬紧牙关继续思考。

五、走出焦虑

有可能写不出论文来的这种焦虑，是我个人的问题，对于狩俣的人们来说，他们并不在意我写不写得出论文。当然，我还是一如既往地与青年会交往、参与他们的活动，并继续考察祠堂的祭祀活动。在这一过程中，我终于迎来了转机。

那是 10 月 2 日的事。在一个叫作"大城元"的村落中心的祠堂里，我像往常一样参加了祭祀仪式，在参拜的过程中，我凝望着祭祀神位的祭坛，突然发现了一个问题：奇怪！这个祭台上居然放着三只香炉。在狩俣，一座香炉对应一位神体，而且每个香炉对应的神是固定的。这里的祭台上的三只香炉，从左往右分别祭祀着"Asatida"（太阳父神，创世神话中的蛇神）、"Nmatida"（太阳母神，与太阳父神生下了孩子的神）、大和神（日本本土神）。

"大城元"祠堂的祭台（作者摄于1989年）

  但是，我记得在关于狩俣的几份先行研究的调查报告中，记录这个祭坛上放置的是两个香炉。这是为什么呢？祭祀仪式结束后，我立即回到住所翻阅资料，发现所有资料中都记载着"大城元"祠堂祭祀二位神祇，也只有两个香炉。而关于这两个神中的一个，所有资料都认为是"Nmatida"（太阳母神），而另一个，有说是龙宫之神的，也有说是大和神的。不可思议的是，现在这里祭祀的"Asatida"（太阳父神、蛇神）的名字在过去的调研报告中完全没有出现过。

太阳母神　　　大和神

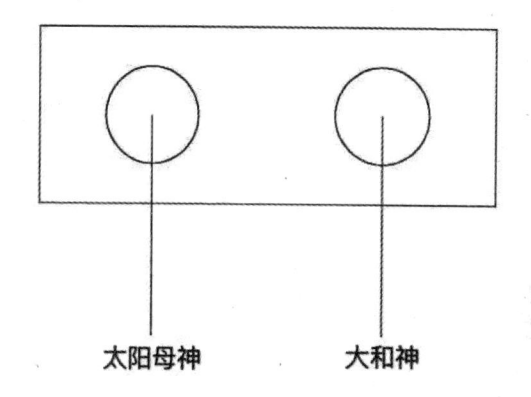

1966年的香炉配置（笔者根据琉球大学民俗研究小组的调查记述作图）

  我想其中一定有什么原因，第二天便去祠堂问神婆们："这里的香炉一直以来就有三个吗？有没有以前只有两个的说法？"对此，神婆们异口同声地回答说："毫无疑问自古以来就是三个。关于神祇，必须按本来的样子、自古以来的规定来祭祀，不可能会发生随意增加或减少神位之类的事情。"听了她们的回答，我感到在神婆们的面前，不应该再提关于香炉数量的话题了。但我想："在先行研究的资料中，确实记载的是两个香炉，而现在却有三个。而且，在先行资料中，找不到Asatida的名字。Asatida的香炉或许是后来某个时期增设的。为了了解这个事情的来龙去脉，我有必要去问一问那些已经卸任的上一代或上上代的神婆前辈们。"

  当时，狩俣的神婆是按照一定的方法从居住在村落里的五六十岁的女性中选出的，神婆作为神职人员工作五到十年后换届。因此，村落里住着很多曾经做过神婆的七八十岁的老人。我决定去找她们问问香炉的由来。

我找老婆婆们询问了关于"大城元"中心祠堂里香炉的情况，结果大致如下。

· 在1967年之前，只放置了两个香炉，左边是Nmatida的香炉，右边是大和神的香炉。

· 但在1967年，担任神婆的SC氏（出生于1916年）说，太阳母神Nmatida的丈夫蛇神Asatida托梦给她了。蛇神Asatida说，供台没有供奉他的香炉，希望能在Nmatida的香炉旁边摆上供奉他的香炉。于是SC氏提议增设蛇神Asatida的香炉。SC氏除了从事村落的公共祭祀外，也进行作为个人活动的祈神祷告。

· 神婆们拒绝了SC氏的提案。她们认为关于神祇的事情，必须按照传承下来的规矩行事，因而不同意增设香炉。

· 但是，被拒绝的SC氏认为不能违背神的旨意，再三要求增设一只香炉。由此，神婆们和SC氏之间产生了巨大的对立和矛盾。

· 后来，在双方持续对立和矛盾的状态下，终于有一天晚上SC氏和丈夫悄悄去了祠堂，自行设置了蛇神Asatida的香炉。第二天早上，神婆们得知SC氏去祠堂擅自放置香炉后，引起了很大的骚动。但是一旦香炉放置好再撤去的话，可能会招致蛇神Asatida的愤怒，引发祸乱。神婆们惧怕于此，就暂时把香炉保留了下来。之后，神婆的两位代表去拜访了居住在市区的"穆努斯"（先知、

附　录

民间巫师），询问了增设香炉是否符合神意。具有第三方立场的穆努斯开示说增设香炉是符合神意的。大家接受了这个说法，于是蛇神Asatida的香炉就继续被摆放在祭坛上了。

我在狩俣田野调查的期间，这里提到的SC氏还活着，而且我见过她好几次。在狩俣，不去调查的时候，我经常去住所附近的大婶家玩，而SC氏和那位大婶自幼就是好朋友，所以我在大婶家多次遇到过她。也因此，我得以直接向SC氏询问了增设香炉的事情。

SC氏的神情似乎在说：你问对人了，好好听我说！她对增设香炉的始末进行了说明，内容和老婆婆们说的虽然大体一致，但更加生动详细。SC氏除了增设Asatida的香炉之外，还声称遵循众神的各类神谕，在村内的各个地方建造了"圣地"。

SC氏（作者摄于1989年）

245

经过上述一系列的访谈，我解开了关于村中心祠堂的香炉数量之谜。但值得注意的是，这些事情的原委并没有在一代代神婆的更换交接时传承下来。正如我之前所述，现任神婆们深信香炉的数量自古以来就是三个，没有发生过变化。

我梳理了一下包括香炉数量的问题在内的，关于村中心祠堂香炉的一系列情况，于是得到了如下推论。

在狩俣，既有掌管村落祭祀的公选的神婆，也有像SC氏这样构建私人性宗教世界的民间巫师。

作为神役的神婆，不与神灵直接交流，她们认为"跟神相关的事情应该遵循自古以来传承下来的习俗"，或者相信"现行的祭神活动一定是按自古以来传承下来的形式进行的"。这样的意向性，很大程度上是神婆们深以为然的共识，这一点也可以从神婆们在祭祀中传唱的神歌的歌词中看出。在神歌中经常出现"遵循自古以来的习俗，唱起来""按照村落建立以来的传承，唱起来"这样的歌词。这种崇尚"保持原始状态"的意向性，可以称为是一种"遵守原始传统的理念"。

另一方面，一般认为民间巫师可以直接听到神灵的声音，也就是说，可以与神灵直接交流，因此人们觉得神明给民间巫师下达的神谕才是应该优先奉行的。可以称这种意向性为一种"谨遵神意的理念"。

两者各有不同的价值观以及基于各自价值观的不同的行动模

式。因此，民间巫师想要遵照神谕改变村落祭祀的样态时，神婆派和民间巫师之间就会产生激烈的冲突和矛盾。

在这样的对立、冲突的状态中，民间巫师强行进行了改变，如前事例中的添加香炉。这种改变在由村落外第三方立场的巫师与神沟通，得到神示的认可后，更改的内容便被接受、保留下来。

在神婆的更换交接过程中，更改的经过缘由本身却没有被传承下来。于是，下一代接任的神婆们基于"遵守原始传统理念"的共识，认为改变后的状态就是"原初的状态"。改变的结果就这样融入"原初"中并传承下去。

我认为这样的"传承机制"不仅限于村中心祠堂里的香炉，还会出现在其他各种各样的"传承"中。

以上的推论成为我毕业论文的主旨。在 10 月 10 日这一天，我终于熬过了漫长的焦虑和苦恼，找到了撰写论文的思路。这一天距离我离开狩俣的时间仅剩下五天。

毕业论文有了眉目，我开始做离开狩俣的准备。去村里各处，跟村里人道别，不知不觉就到了出发的日子。因为飞机是下午的航班，所以上午待在住所等待出发。但令我吃惊的是，以现任神婆们为代表的狩俣的阿姨们络绎不绝地来为我送行。阿姨们都给了我一个装礼金的信封，信封里均有几张千元纸币。那些钱一定是她们从本就不富余的养老金中拿出来的，她们以这样的方式来为我饯行。

阿姨们走后，我百感交集，泪流满面，生生哭湿了三条毛巾。

那样的放声痛哭,在我的人生中从未有过第二次。

六、完成毕业论文

回到学校后,我便专心撰写毕业论文。两个月之后的12月中旬是提交论文的日子。因为离开冲绳前已经有了论文的思路,所以能够写出清晰的目录框架。当时毕业论文要手写在稿纸上,我便用钢笔一个字一个字认认真真地填满一张张空白的稿纸。贴上照片和图示,最终完成了一件厚厚的作品,400字一页的稿纸,足足写了260页。

后来我考上了研究生。在致力于以冲绳新宗教教团为对象进行田野调查的同时,我在学会上发表了这篇本科毕业论文,并对论文进行了改写,以便能在学术期刊上刊载。1993年,我的这篇论文以《民间巫师的神话世界和村落祭祀体系的改变——宫古岛狩俣的事例》为题,发表于日本民俗学会的学会期刊《日本民俗学》第194期上。

最后,我想向准备开始做民俗学田野调查的各位提出如下建议。

田野调查应该准备充足的时间,应该深入田野、融入现场,这可谓常识。然而,即使这样开始了田野调查,也不会马上就有独创性的发现。但这时绝对不能放弃,必须坚持,咬紧牙关继续思考。反复研读之前的调查报告和相关的先行研究,反复尝试。也有可能会像我这样,甚至需要花上两个月以上的时间才能找到头绪。

之后，一定会有突然发现问题的瞬间。请珍惜这个问题并开始探究。如果通过这种探究，能找出现象背后隐藏的价值观的话，曙光就在眼前了。然后，梳理一系列的探究结果，将其作为一个模型来构筑的话，论文的构想自然水到渠成。我期待着大家都能有新的发现。